HEYNE KOCHBÜCHER

DIE HEYNE LÄNDERKÜCHEN

11

Boris Wittich

Mexikanische Küche

Originalausgabe

WILHELM HEYNE VERLAG
MÜNCHEN

HEYNE KOCHBUCH
07/4511

4. Auflage

(Früher lieferbar unter der Nr. 07/4299)

Printed in Germany 1992
Umschlagfoto: Fotostudio Teubner, Füssen
Umschlaggestaltung: Atelier Ingrid Schütz, München
Satz: Schaber, Wels
Druck und Bindung: Ebner Ulm

ISBN 3-453-02716-7

INHALT

Erklärung der Abkürzungen:

1 Tasse	=	etwa ⅛ l
EL	=	Eßlöffel = etwa 20 g
TL	=	Teelöffel
Msp	=	Messerspitze

Wenn nicht anders vermerkt, sind die Rezepte für 4 Personen berechnet.

Vorwort

México — aztekisch Motecuhzoma —, das Reich der Azteken, wurde 1519 von dem Spanier Hernando Cortez erobert. Unter dem Zeichen des Kreuzes wurde die blühende Aztekenkultur vernichtet. In der Aztekenhauptstadt Tenochtitlán nahm Cortez den mächtigen Herrscher der Azteken, Montezuma, gefangen und gründete auf den Trümmern der zerstörten Stadt die Stadt Ciudad de México — México City. Das Land wurde als Neuspanien — Nueva España — im Jahre 1535 ein spanisches Vizekönigreich und war wegen seines ungeheuren Gold- und Silberreichtums neben Peru der wertvollste Kolonialbesitz. So war México jahrhundertelang der Ursprung spanischen Reichtums, während es selbst verarmte.

México brachte seinen Eroberern aber nicht nur diese Schätze, es bereicherte die Völker Europas mit weit wertvollerem — mit seiner Küche und ihren neuen Nahrungs- und Genußmitteln, von denen viele sogar Bestandteil von Nationalgerichten anderer Völker geworden sind, so z. B. der aus gemahlenem Mais zubereitete Brei (»Polenta« in Italien oder »Mamaliga« in

Rumänien), oder Paprika in Ungarn. México bescherte uns Kartoffeln, Kakao, Erdnüsse, Bohnen, Mais, Sesam, Ananas, Bananen, Kaffee, Truthähne, Tabak u. a. m.
Der Aztekenkaiser Montezuma hatte den Ruf, ein großer Feinschmecker zu sein, für den allein an die 300 Gerichte zubereitet wurden. Er pflegte immer allein zu speisen, an einem mit weißem Tuch und Servietten gedeckten Tisch, wobei er an einem niedrigen Hocker saß und sich von vier schönen Sklavinnen bedienen ließ. Sie brachten zuerst Wasser, um ihm die Hände zu waschen, und dann als ersten Gang die bis heute beliebten Tortillas, die frisch gebacken und in Tücher gehüllt, heiß und weich gegessen wurden.
Die Vielfalt der Speisen war fast unübersehbar. Es gab Tauben, Rebhühner, Fasane, Truthühner, Wildenten, Hasen, Hirsche, Fische, Krabben, Schnecken, Froschschenkel. Es waren natürlich auch viele Speisen dabei, die mit Sicherheit nicht unserem Geschmack entsprechen würden, wie Hunde, Larven, Magueywürmer oder Insekten.
Vieles hat sich inzwischen geändert. Die Mexikaner sind wieder die Herren im eigenen Land, von den spanischen Eroberern ist u. a. der starke Einfluß auf die mexikanische Küche geblieben, durch den Import von z. B. Schweinen, Reis, Knoblauch, Zwiebeln, Zimt u. v. m. Sie behielt aber trotzdem ihren eigenen Reiz, da sie sehr abwechslungsreich und traditionsbewußt ist.
Einzigartig ist z. B. Pulque, das Bier des armen Mannes, das die Azteken Octli nannten. Es ist ein berauschendes Getränk. Pulque wird aus dem Saft der Agave durch Gärung gewonnen. Mit einem scharfen Hieb wird der Blütenschaft der Agave gespalten und mit Fasern zugedeckt, um ihn vor Insekten zu schützen.

Dreimal am Tag, und das fast sechs Monate lang, wird dann der Saft mit einer langen Kalebasse mit dem Mund hochgesogen und in Kürbisschalen der Gärung überlassen. Aus einer einzigen Agave kann man fast tausend Liter Saft während dieser Zeit gewinnen. Die Männer, welche diese Arbeit verrichten, nennt man »tlachiqueros«.

In den Legenden und der Geschichte spielte Pulque eine große Rolle. Viele Namen in den indianischen Siedlungen zeugen davon.

Aber erst als die Spanier mit Destillierapparaten eintrafen, konnte der weltbekannte *Tequila* aus den Wurzelablegern der Agave hergestellt werden.

Ähnlich schmeckt *Meskal,* auch ein Destillat aus Agaven.

Das einheimische Bier (*cerveza*) ist das gebräuchlichste alkoholische Getränk der modernen Mexikaner; es könnte allerdings ebensogut aus München stammen, da die Brauereien nach deutschen Methoden arbeiten.

Mexiko besitzt unzählige lukullische Überraschungen; eine Auswahl der typischen Gerichte wird hier vorgestellt.

Vorspeisen

Omelettes mit Gemüse gefüllt

2 Tomaten
4 in der Schale gekochte, geschälte Kartoffeln
4 eingelegte Paprikaschoten
1 eingelegte Pfefferschote
100 g konservierte grüne Erbsen
Salz
Pfeffer
8 Eier
8 EL Wasser
2 EL Mehl
Öl zum Braten
1 Zwiebel
Knoblauchzehe

Die enthäuteten Tomaten in kleine Stücke schneiden, Kartoffeln und Paprikaschoten in kleine Würfel und die Pfefferschote fein hacken. Feingehackte Zwiebel und Knoblauchzehe in erhitztem Öl bräunen, das Gemüse und Kartoffeln hinzugeben und bei ununterbrochenem Rühren kurz schmoren. Aus den mit Wasser, Salz, Pfeffer und Mehl verquirlten Eiern 4 Omelettes bereiten und mit dem Gemüse gefüllt warm oder kalt servieren.

Vorspeisenplatte aus Gemüse

2 vorbereitete grüne oder gelbe Paprikaschoten
4 schöne Tomaten
1 mittelgroße Salatgurke
1 Zwiebel
4 hartgekochte Eier
Sherryessig
Salz
Pfeffer
Öl
Minze oder Petersilie

Die Paprikaschoten in dünne Ringe, Tomaten und Gurken in dünne Scheiben schneiden und in Reihen auf einer Platte anrichten, mit der in Ringe geschnittenen Zwiebel bestreuen, salzen, pfeffern, mit Öl betropfen und längsseits mit den in Scheiben geschnittenen Eiern garnieren, mit feingehackter Minze oder Petersilie bestreuen und mit Sherry-Essig beträufeln.

Avocados mit Garnelen

4 halbierte reife Avocados
Saft von 1—2 Zitronen
200 g gekochte Garnelen
100 g Sellerie
2 hartgekochte Eier
ca. 60 g Mayonnaise-Joghurtmischung
Salz
Cayennepfeffer

Die Avocados und Garnelen mit Zitronensaft betropfen, mit in kleine Würfel geschnittenem Sellerie und gehacktem Ei sowie Mayonnaise, Salz und Cayennepfeffer vermischen. Die Avocadohälften mit der so zubereiteten Garnelenfüllung füllen und kalt stellen. Gut gekühlt servieren.

Paprikaschoten, gefüllt

Für die Sauce:
40 g Butter
40 g Mehl
Salz
Pfeffer
¼ l Milch

4 schöne grüne Paprikaschoten
125 g Speck
6 hartgekochte Eier
französischer Senf
100 g Semmelbrösel, in 40 g Butter geröstet
Öl für die Pfanne
Muskat

Aus Butter und Mehl eine goldgelbe Einbrenne bereiten, salzen, pfeffern, mit Milch aufgießen und bei ununterbrochenem Rühren zu einer dicken Sauce aufkochen, mit Muskat abschmecken. Die Paprikaschoten halbieren und in gesalzenem Wasser kurz kochen (ca. 5 Minuten). Unter die zubereitete Béchamelsauce die feingehackten Eier mischen, den in kleine Würfel geschnittenen, ausgelassenen Speck hinzugeben und nach Geschmack mit Senf, evtl. noch mit Salz und Pfeffer würzen.

Mit der Mischung die vorbereiteten Paprikaschoten füllen, in einer gefetteten Pfanne oder Auflaufform anrichten, die Oberfläche mit gerösteten Semmelbröseln bestreuen und im vorgeheizten Backofen bei mäßiger Hitze goldfarben überbacken (ca. 20 Minuten).

Roastbeefscheiben, gefüllt

150 g Avocados
150 g gekochte Zucchini
1 kleine Zwiebel
3 EL Kürbiskernöl
Salz
Cayennepfeffer
Essig
12 dünn geschnittene Roastbeefscheiben
Salatblätter
Radieschenröschen und hartgekochte Eier zum Garnieren

Geschnittene Avocados, Zucchini und Zwiebel im Mixer pürieren, Öl untermischen und mit Salz, Cayennepfeffer und Essig abschmecken. Mit der so zubereiteten Mischung die Roastbeefscheiben bestreichen, zusammenrollen und kranzförmig auf einer runden Platte anrichten, die man vorher mit Salatblättern ausgelegt hat. Das hartgekochte, feingehackte Eigelb in die Mitte der Platte geben und die Röllchen mit in Streifen geschnittenem Eiweiß und Radieschenröschen garnieren.

Avocadotunke mit Sahne

200 g Avocados
1 kleine Zwiebel
Saft von 1 Zitrone
100 g Schafskäse
100 g Sellerie
Salz
Cayennepfeffer

Kleingeschnittene Avocados und Zwiebeln mit Zitronensaft im Mixer pürieren, mit Käse und feingehacktem Sellerie vermischen und mit Salz und Cayennepfeffer abschmecken. Mit Tortillas als Vorspeise servieren.

Garnelen in Weinsauce

Für die Sauce:
¼ l trockener Wein
1/16 l Essig
ca. 40 g frischer Meerrettich
3—4 EL Ketchup
1 EL Senf
⅛ l Öl
Salz
Cayennepfeffer
400 g gekochte Garnelen
Salatblätter und süßer Paprika zum Garnieren

Wein, Essig, Meerrettich, Ketchup, Senf und Öl im Mixer verrühren, salzen und mit Cayennepfeffer würzen. Dann die vorbereiteten Garnelen daruntermischen und mindestens 4 Stunden kalt marinieren lassen. Die so zubereiteten Garnelen auf in Cocktailgläser oder in Schüsselchen ausgelegten Salatblättern anrichten und mit Paprika bestreuen.

Avocadotunke mit Eiern

200 g Avocados
1 kleine Zwiebel
1 Pfefferschote
4 hartgekochte Eier
1 Bund Petersilie
Salz
Essig

Geschnittene Avocados, Zwiebel, Pfefferschote, Eier und Petersilie im Mixer pürieren, nach Geschmack salzen und mit Essig säuern. Mit getoastetem Brot oder Tortillas als Vorspeise servieren.

Avocadococktail

2—3 reife Avocados
Zitronensaft
Salz
süßer Paprika
Worcestersauce
ca. 1/10 l süße Sahne
1/10 l Ketchup
Salatblätter

Geschälte, in kleine Würfel geschnittene Avocados mit Zitronensaft betropfen, mit Salz und Pfeffer bestreuen und ca. 30 Minuten kalt stellen. Dann mit ein paar Tropfen Worcestersauce abschmecken und mit Sahne und Ketchup vermischen. In Cocktailgläser, mit Salatblättern ausgelegt, füllen und servieren.

Omelettes mit Bananen

70 g Butter
4 Bananen
6 Eigelb
Salz
1/10 l Milch
Cayennepfeffer
von 6 Eiweiß fester Schnee
feingehackte Petersilie zum Bestreuen

Die in Scheiben geschnittenen Bananen in 40 g erhitzter Butter bei zeitweiligem Umdrehen kurz dünsten, herausnehmen und warm stellen. Eigelb mit Milch, Salz und Cayennepfeffer verquirlen, zum Schluß den Eierschnee darunterziehen und die Masse in eine gebutterte Pfanne gießen. Dann die zubereiteten Bananen darauf verteilen und in vorgeheiztem Backofen bei mäßigem Feuer goldfarben backen (ca. 20 Minuten). Die fertigen Omelettes noch mit Petersilie bestreuen.

Belegte Brote nach mexikanischer Art

1 Stange Weißbrot
1 größere Dose Ölsardinen
1 kleine Dose Sardellen
3—4 hartgekochte Eier
eingelegte rote Paprikaschoten
Kapern

Weißbrot in dünne Scheiben schneiden, mit Ölsardinen, feingehackten Sardellen, in Scheiben geschnittenem Ei und in dünne Streifen geschnittenen roten Paprikaschoten und kleinen Kapern belegen.

Suppen

Fleischsuppe mit Erdnüssen

Für 6—8 Personen:

1 Huhn (ca. 1,4 kg)
300 g Suppenfleisch
1 Zwiebel
1 Tomate
1 Möhre
Salz
Pfeffer
2 l Wasser
200 g geriebene Erdnüsse
200 g frische grüne Erbsen
200 g gekochter Reis
400 g geschälte Kartoffeln
2 EL feingehackte Petersilie oder Fenchelpulver

Huhn mit Rindfleisch, kleingeschnittener Zwiebel, Tomate und Möhre in gesalzenem, mit Pfeffer gewürztem Wasser weich kochen. Das enthäutete, entbeinte Fleisch in kleine Würfel schneiden, in die gesiebte Brühe legen, Erdnüsse, Erbsen, Reis und in kleine Würfel geschnittene Kartoffeln hinzugeben und alles gemeinsam ca. 15 Minuten kochen, bis alles weich ist. Mit feingehackter Petersilie oder Fenchelpulver bestreuen.

Grüne Maissuppe

300 g frische oder tiefgekühlte Maiskörner
1/8 l Milch
100 g Möhren
1 l starke Hühnerbrühe
1 Bund feingehackte Petersilie oder Minze
30 g Mehl und 50 g Butter für die Einbrenne
Salz
Pfeffer

Maiskörner mit Milch und Möhren im Mixer pürieren, in die kochende, gesalzene Brühe geben, ebenso die Petersilie und ca. 15 Minuten kochen lassen. Die Suppe mit aus Mehl und Butter zubereiteter, heller Einbrenne verdicken, nach Geschmack noch salzen und pfeffern und gut aufkochen lassen.

Tortillasuppe

100 g englischer Speck
1 Zwiebel
1 entkernte grüne Pfefferschote
8 Tortillas
ca. 1 l starke Rindfleischbrühe
Salz
100 g geriebener Käse

Auf in kleine Würfel geschnittenem, ausgelassenem Speck die feingehackte Zwiebel und Pfefferschote leicht bräunen, dann die in dünne Streifen geschnittenen Tortillas hinzugeben, die Brühe beigießen, salzen und aufkochen lassen. Die Suppe in Tassen füllen, mit Käse bestreuen und im vorgeheizten Backofen überbacken, bis sich eine goldgelbe Kruste bildet.

Fischsuppe nach veracruzanischer Art

2 große Fischköpfe
1 Lorbeerblatt
1 Zwiebel
Salz
4—6 Pfefferkörner
2 l Wasser
400 g geschälte Kartoffeln
1 Zwiebel
1—2 Knoblauchzehen
50 g Öl
500 g Tomaten
500 g vorbereitetes Fischfleisch (Kabeljau, Schellfisch o. ä.)
50 g Öl
Zitronensaft
Cayennepfeffer
Petersilie

Fischköpfe mit Lorbeerblatt, Zwiebel und Pfefferkörnern in gesalzenem Wasser zu einer starken Brühe kochen und sieden. In Würfel geschnittene Kartoffeln getrennt in gesalzenem Wasser weich kochen. Restliche, feingehackte Zwiebel und Knoblauch in erhitztem Öl leicht bräunen, die enthäuteten, kleingeschnittenen Tomaten hinzugeben, mit der gesiebten Brühe aufgießen und bei mäßigem Feuer kochen. Das zubereitete, in kleinere Stücke geschnittene Fischfleisch in erhitztem Öl schnell anbraten und gemeinsam mit den gekochten Kartoffeln in die Suppe geben, ganz kurz kochen und zum Schluß mit Zitronensaft abschmecken, mit Cayennepfeffer und feingehackter Petersilie würzen und evtl. noch salzen.

Tomatensuppe mit Nudeln

1 kg Tomaten
1 l starke Rindfleischbrühe
Salz
Cayennepfeffer
ca. 80 g Suppennudeln
1 TL Thymian

Vorbereitete, kleingeschnittene Tomaten mit Thymian in wenig Wasser weich dünsten, durch ein Sieb pressen und in die kochende Brühe geben. Die Suppe salzen, mit Cayennepfeffer würzen, die Nudeln hinzugeben und weich kochen.

Fleischklößchensuppe

Für die Klößchen:
150 g gemahlenes Rindfleisch
50 g Semmelbrösel
1 Ei
Mehl
1½ l starke Rindfleischbrühe
ca. 1/10 l rote Chilisauce
(s. Rezept Seite 122)
1 Zweig Petersilie
Salz
Pfeffer

Gemahlenes Rindfleisch, Semmelbrösel und Ei gut vermischen, aus dem Fleischteig kleine, kirschgroße Klößchen formen, in Mehl wälzen und gemeinsam mit der Chilisauce und der Petersilie in die Brühe geben, salzen und pfeffern. Bei mäßigem Feuer ca. 30 Minuten kochen, Petersilie entfernen und die Suppe servieren.

Avocadosuppe 1

2 große Avocados
Salz
Pfeffer
ca. $^1/_8$ l Sahne
1 l starke Hühnerbrühe
$^1/_{10}$ l trockener Sherry
1 kleine Avocado

Die Avocados mit Salz, Pfeffer und der Hälfte der Sahne im Mixer pürieren und mit der restlichen Sahne vermischen. Die Hühnerbrühe bis zum Siedepunkt erhitzen, Avocadopüree hinzugeben sowie Sherry und vorbereitete, in dünne Scheiben geschnittene Avocados; nach Geschmack noch würzen und heiß oder kalt servieren.

Avocadosuppe 2

1 kleinere Zwiebel
30 g Butter
30 g Mehl
1 l Fleischbrühe
Salz
Pfeffer
2 Avocados
$^1/_{10}$ l Sahne
geröstete Brotwürfel

Aus feingehackter, in Butter leicht gebräunter Zwiebel und Mehl eine helle Einbrenne bereiten, mit Brühe aufgießen, salzen, pfeffern und aufkochen lassen. Avocados mit Sahne im Mixer pürieren und unter die heiße Suppe mischen. In die fertige Suppe noch geröstete Brotwürfel geben.

Knoblauchsuppe

10 Knoblauchzehen
200 g grüne Paprikaschoten
80 g Schmalz oder Öl
²/₁₀ l rote Chilisauce
1¼ l Rindfleischbrühe oder Wasser
200 g Schwarzbrot oder Rinde
Salz
süßer Paprika

Knoblauch mit Paprikaschoten im Mixer pürieren, in erhitztem Schmalz oder Öl kurz schmoren, Chilisauce und Brühe oder Wasser beigießen und eingeweichtes, im Mixer püriertes Brot hinzugeben. Die Suppe nach Geschmack noch salzen und mit Paprika würzen.

Hühnersuppe

1 Suppenhuhn (ca. 1,5 kg) mit Geflügelklein
ca. 2 l Wasser
Salz
1 Zwiebel
1—2 Knoblauchzehen
2 Kartoffeln
Zitronensaft
gekochter Reis
grüne Erbsen oder in kleine Würfel geschnittene, gekochte Möhren als Suppeneinlage

Das Suppenhuhn mit Geflügelklein, Zwiebel, Knoblauch und Kartoffeln in gesalzenem Wasser weich kochen. Das Huhn herausnehmen, enthäuten, entbeinen und das Fleisch in kleine Würfel schneiden. Zwiebel und Knoblauch herausnehmen, die Brühe auf dem

Feuer bis zu 1 Liter reduzieren, das zubereitete Hühnerfleisch und in kleine Würfel geschnittene Kartoffeln sowie die Einlagen hinzugeben, mit Zitronensaft abschmecken und servieren.

Hühnersuppe mit Mandeln

Zutaten und Zubereitung wie im vorherigen Rezept, ferner:
1 Selleriestange mit Blättern
100 g geschälte Mandeln
40 g Butter
Pfeffer
Muskatnuß
kleingeschnittene Tomaten
feingehackte Pfefferschoten und Zitronenscheiben als Suppeneinlage

Das gekochte Suppenhuhn enthäuten und entbeinen. Die Hälfte des Fleisches in kleine Würfel schneiden, die andere Hälfte mit dem in Butter geschmorten, kleingeschnittenen Sellerie und Mandeln mit etwas Brühe im Mixer pürieren und mit dem geschnittenen Hühnerfleisch unter die Suppe mischen. Die Suppe noch mit etwas Pfeffer und Muskatnuß würzen und mit Tomaten, Pfefferschoten und Zitronenscheiben als Einlage servieren.

Mexikanische Nudelsuppe

1—2 Knoblauchzehen
1 Zwiebel
200 g Suppennudeln
60 g Öl
100 g Tomatenmark
1¼ l starke Rindfleischbrühe
1/10 l trockener Sherry
Salz
Pfeffer
60 g geriebener Käse
feingehackte Petersilie

Feingeschnittenen Knoblauch, Zwiebel und die Suppennudeln in erhitztem Öl leicht bräunen, Tomatenmark hinzugeben und die Brühe salzen, pfeffern und kochen lassen, bis die Nudeln weich sind (ca. 15 Minuten). Dann Knoblauch herausnehmen und die Suppe mit geriebenem Käse und Petersilie bestreuen.

Variation: Statt mit Rindfleischbrühe kann man die Suppe auch mit starker Geflügelbrühe zubereiten.

Trockene Nudelsuppe

Mexikanischer Nudelauflauf

(Zutaten und Zubereitung wie in vorherigem Rezept)

Man läßt die Nudeln bei sehr mäßiger Hitze die ganze Flüssigkeit aufsaugen. In einer vorgewärmten Schüssel mit geriebenem Käse und frischem Salbei bestreut als Vorspeise oder als Beilage zu gekochtem Rindfleisch servieren.

Nudelsuppe

150 g gekochte Suppennudeln
50 g Schmalz oder Öl
50 g Tomatenmark
60 g Zwiebeln
1½ l starke Rindfleischbrühe
Salz
Pfeffer
1 EL feingehackte Petersilie
ca. 80 g geriebener Käse

Die Suppennudeln in erhitztem Fett leicht bräunen und dann herausnehmen. In dem Fett dann die feingehackte Zwiebel schäumen, Tomatenmark hinzugeben, kurz dünsten, die Suppennudeln beigeben, mit Brühe aufgießen, salzen, pfeffern, mit Petersilie und Käse bestreuen und servieren.

Rindfleischbrühe mit Bohnenbrei

1½ l starke Rindfleischbrühe
150 g Speck
ca. 1/10 l rote Chilisauce (s. Rezept Seite 122)
ca. 500 g gebratene Bohnen (s. Rezept Seite 165)
150 g gekochter Reis
Salz
Cayennepfeffer

Den in kleine Würfel geschnittenen, ausgelassenen Speck unter die kochende Brühe mischen sowie die Chilisauce mit dem Bohnenbrei verdicken und zum Schluß den Reis daruntermischen. Mit Salz und Cayennepfeffer abschmecken.

Suppe aus grünen Erbsen

500 g grüne Erbsen
1 kleinere Zwiebel
1—2 Knoblauchzehen
1½ l Wasser
50 g Butter
50 g Mehl
Salz
Cayennepfeffer
150 g gekochte Maiskörner
1/10 l süße Sahne
feingehackte Petersilie oder frischer Koriander

Erbsen mit kleingeschnittener Zwiebel und zerdrücktem Knoblauch in Wasser weich kochen und dann mit etwas Erbsenbrühe im Mixer pürieren oder durch ein Sieb pressen. Aus Butter und Mehl eine goldgelbe Einbrenne bereiten, mit der Erbsenbrühe aufgießen, Erbsenpüree hinzugeben, salzen, mit Cayennepfeffer würzen und zum Schluß die Maiskörner und die Sahne unter die Suppe mischen. Die fertige Suppe noch mit gehackter Petersilie oder mit Koriander bestreuen.

Kartoffelsuppe

100 g Zwiebeln
50 g Butter oder Öl
40 g Mehl
¾ l starke Rindfleischbrühe
400 g geschälte Kartoffeln
Salz
Safran
Cayennepfeffer
¾ l Milch
150 g grüne Erbsen
4 Eier
120 g Rahmkäse (Gervais)
1—2 reife Avocados

Aus feingehackten, in erhitzter Butter oder Öl geschäumten Zwiebeln und Mehl eine goldgelbe Einbrenne bereiten, mit Brühe aufgießen und gut aufkochen lassen (15 Minuten). Dann die in Würfel geschnittenen Kartoffeln hinzugeben, salzen, mit Safran und Cayennepfeffer würzen und bei mäßigem Feuer weitere 20 Minuten kochen. Jetzt die grünen Erbsen daruntermischen, die Milch beigießen und weitere 5 Minuten kochen. Zum Schluß mit etwas erkalteter Brühe verrührte Eier mit Rahmkäse unter die Suppe mischen (nicht mehr kochen), kurz erhitzen lassen und die in Scheiben geschnittenen Avocados hineinlegen.

Geflügelbrühe, kalt

1 Suppenhuhn (ca. 2 kg)
200 g Gewürzgemüse (Sellerie, Möhren, Petersilienwurzel)
200 g grüne Paprikaschoten
200 g Tomaten
100 g Zwiebeln
3—4 Knoblauchzehen
Salz
6—8 Pfefferkörner
2—3 Nelken
1 cm Zimtstange
Cayennepfeffer
Zitronensaft

Das Suppenhuhn mit ca. 2 l Wasser, Gewürzgemüse, in Streifen geschnittenen Paprikaschoten, enthäuteten und geviertelten Tomaten, geschnittenen Zwiebeln und Knoblauch mit Gewürz weich kochen. Die Brühe sieben, entfetten, mit Cayennepfeffer und Zitronensaft abschmecken und kalt servieren. Das enthäutete, entbeinte Hühnerfleisch mit Chilisauce betropft als Füllung für Tortillas nehmen.

Bohnensuppe 1

200 g schwarze Bohnen
1½ l Wasser
1 Zwiebel
1—2 Knoblauchzehen
Salz
Cayennepfeffer
100 g Käse (Gouda, Edamer, Ziegenkäse o. ä.)
100 g in kleine Würfel geschnittenes, geröstetes Brot

Die über Nacht eingeweichten Bohnen auf den Herd stellen und langsam kochen lassen. Nach ca. 1 Stunde feingeschnittene Zwiebel und zerdrückten Knoblauch hinzugeben und gemeinsam alles weich kochen. Die Bohnen mit etwas Brühe in einem Mixer pürieren oder durch ein Sieb pressen, unter die Bohnenbrühe mischen und mit Salz und Cayennepfeffer abschmecken. Zum Schluß den in kleine Würfel geschnittenen Käse sowie Brotwürfel in die Suppe geben.

Schweinefleischsuppe mit Gemüse

400 g Schweinefleisch
50 g Schmalz oder Öl
80 g Zwiebeln
je 200 g Tomaten, Zucchinis, grüne Paprikaschoten, frische oder tiefgekühlte Maiskörner
1½ l Fleischbrühe oder Wasser
Salz
Pfeffer
süßer Paprika
60 g geriebener Käse
2 EL Schnittlauch

Schweinefleisch in kleine Würfel schneiden, in erhitztem Fett von allen Seiten anbraten, die feingehackten Zwiebeln hinzugeben, leicht bräunen, dann die enthäuteten, in kleine Würfel geschnittenen Tomaten und Zucchinis sowie die in dünne Streifen geschnittenen Paprikaschoten und die Maiskörner. Alles gemeinsam kurz schmoren. Dann Brühe zugießen, salzen, pfeffern, paprizieren und bei mäßigem Feuer alles weich kochen. Die fertige Suppe mit geriebenem Käse und Schnittlauch bestreuen.

Garnelensuppe

Für 8 Personen:

80 g Zwiebeln
2 Knoblauchzehen
50 g Öl
4 EL rote Chilisauce
400 g Fischfilet
ca. 1½ l starke Fischbrühe
200 g grüne Erbsen
200 g frische oder tiefgekühlte Maiskörner
200 g geschälte Kartoffeln
Salz
Cayennepfeffer
Majoran
100 g Rahmkäse (Gervais)
½ l Milch
600 g gekochte Garnelen
4 Eier

Feingehackte Zwiebeln und Knoblauch in erhitztem Öl leicht bräunen, Chilisauce und in kleine Stücke geschnittenes Fischfilet, grüne Erbsen, Maiskörner und in kleine Würfel geschnittene Kartoffeln hinzugeben, mit Brühe aufgießen, salzen, mit Cayennepfeffer und Majoran würzen und bei mäßigem Feuer kochen lassen (ca. 20 Minuten). Dann in etwas erkalteter Brühe verrührten Rahmkäse unter die Suppe mischen, die Garnelen hinzugeben und weitere 5—8 Minuten kochen. Zum Schluß die in etwas erkalteter Brühe verquirlten Eier unter die Suppe rühren (nicht mehr kochen) und die Suppe gleich servieren.

Bohnensuppe 2

250 g schwarze Bohnen
1 Stange Lauch
80 g Zwiebeln
1—2 Knoblauchzehen
50 g Öl
1½ l starke Rindfleischbrühe
Salz
brauner Zucker
50 g Butter
200 g Brot

Die Bohnen in kaltem Wasser über Nacht einweichen, dann in frischem Wasser aufstellen und bei mäßigem Feuer weich kochen (ca. 3 Stunden, im Dampftopf 30 Minuten). Feingeschnittenen Lauch, gehackte Zwiebeln und Knoblauch in erhitztem Öl leicht bräunen, mit der Brühe aufgießen, nach Geschmack salzen und süßen, die weichgekochten, gut abgetropften, durchgepreßten Bohnen hinzugeben sowie die Butter und kurz kochen lassen (ca. 5 Minuten). Zum Schluß das in kleine Würfel geschnittene, geröstete Brot in die Suppe geben.

Puchero à la mexicana

je 250 g Rind-, Kalb- und Schweinefleisch
500 g Geflügelklein
200 g Möhren
200 g rote Paprikaschoten
100 g Zwiebeln
2 EL feingehackte Petersilie
Salz
Pfeffer
Cayennepfeffer

Das Fleisch mit Geflügelklein, Gemüse, Zwiebeln und Petersilie in einem Topf mit kochendem Wasser übergießen, salzen, pfeffern und bei mäßigem Feuer weich kochen. Das Fleisch und Geflügelklein in kleinere Stükke schneiden, die Möhren in Scheiben und Paprikaschoten in dünne Streifen schneiden und in die gesiebte Suppe geben. Aufkochen lassen, mit Salz und Cayennepfeffer abschmecken und servieren.

Erdnußsuppe

600 g Rindfleisch (Suppenfleisch)
100 g Zwiebeln
Salz
Pfeffer
1½ l Wasser
ca. 200 g Erdnußbutter
200 g grüne und rote Paprikaschoten
2 eingelegte Pfefferschoten

Fleisch mit feingehackten Zwiebeln in gesalzenem, gepfeffertem Wasser weich kochen (ca. 2 Stunden), herausnehmen und in ca. 3 cm große Würfel schneiden. Das Fleisch in die Suppe legen sowie die in heißer Brühe verrührte Erdnußbutter, die grobgehackten Paprikaschoten und feingehackten Pfefferschoten. Die Suppe noch gut aufkochen lassen (ca. 15 Minuten) und servieren.

Eier

Eier nach Bauernart

8 Tortillas
60 g Öl
60 g Butter
8 Eier
rote Chilisauce
1—2 Avocados

Die Tortillas von beiden Seiten in erhitztem Öl braten, mit in erhitzter Butter zubereiteten Spiegeleiern belegen und mit Chilisauce übergießen. Die Eier noch mit in dünne Scheiben geschnittener Avocado garnieren und gleich servieren.

Variation: Die gebratenen, mit Spiegeleiern belegten Tortillas kann man mit folgender Tomatensauce übergießen: 2 große Tomaten, 1 Zwiebel, 1 Knoblauchzehe und 1 Pfefferschote werden mit ca. $\frac{1}{10}$ l Wasser püriert und dann bei mäßigem Feuer gekocht, bis die Sauce leicht eingedickt ist (ca. 15 Minuten). Die Sauce salzen, pfeffern und mit Oregano würzen. Zum Schluß noch mit gebackenen Bohnen garnieren.

 Schweinesteak (Rezept S. 78) ▷

Mexikanische Rühreier

1 Zwiebel
1 Knoblauchzehe
80 g Öl oder Butter
2—3 Tomaten
1 grüne Pfefferschote
8 Eier
Salz
Pfeffer

Feingehackte Zwiebel und zerdrückten Knoblauch in erhitztem Öl oder Butter schäumen, enthäutete, entkernte, kleingeschnittene Tomaten und zerkleinerte Pfefferschote hinzugeben und kurz schmoren (ca. 5 Minuten). Dann die verquirlten, gesalzenen und gepfefferten Eier daruntermischen und fest werden lassen. Mit Tortillas und weichgeschmorten Bohnen servieren.

Eier mit Chorizos

4 Chorizos (spanische Schweinswürste mit Paprika, im Handel erhältlich)
30 g Schmalz oder Butter
1 kleine Zwiebel
50 g Tomatenmark
8 Eier

Die Würste in dünne Scheiben schneiden, in erhitztem Schmalz oder Butter anbraten, geriebene Zwiebel und Tomatenmark hinzufügen und kurz schmoren lassen (ca. 5 Minuten). Dann die verquirlten Eier daruntermischen und fest werden lassen.

◁ *Mais-Salat mit Bohnen und Gurken*
(Rezept S. 163)

Zucchini-Eier

8 Eier
80 g Butter oder Schmalz
Salz
Pfeffer
8 mittelgroße Zucchini
süßer Paprika
ca. 50 g Tomatenmark
8 Käsescheiben

Aus verquirlten Eiern in Butter oder Schmalz Rühreier bereiten, salzen und pfeffern. Die Zucchini von dem Stielende aus vorsichtig aushöhlen, mit den zubereiteten Rühreiern füllen. Dann in eine Pfanne legen, mit Paprika bestreuen, mit Tomatenmark bestreichen, mit je 1 Käsescheibe belegen und im vorgeheizten Backofen überbacken.

Eier aus San Louis

2 grüne und 2 rote Paprikaschoten
1 große Zwiebel
50 g Tomatenmark
40 g Öl oder Butter
⅛ l Sahne oder Milch
250 g geriebener Käse
8 hartgekochte Eier
Salz
Pfeffer

In dünne Streifen geschnittene Paprikaschoten mit feingehackter Zwiebel und Tomatenmark in erhitztem Fett dünsten. Dann Sahne oder Milch dazugießen, Käse hinzugeben, gut vermischen, salzen, pfeffern und bei mäßigem Feuer schmoren, bis der Käse schmilzt. Zum Schluß die hartgekochten, geviertelten Eier unter die Speise mischen und erwärmen lassen. Mit Tortillas heiß servieren.

Pisto

200 g roher Schinken
30 g Schmalz oder Butter
3 Tomaten
1 große Zwiebel
300 g in Schale gekochte, geschälte Kartoffeln
6 gekochte Zucchini
300 g gekochte oder konservierte grüne Erbsen
8 Eier
Salz
Cayennepfeffer

Den in kleine Würfel geschnittenen Schinken in erhitztem Fett kurz bräunen, enthäutete, entkernte, feingeschnittene Tomaten und feingehackte Zwiebel hinzugeben sowie in kleine Würfel geschnittene Kartoffeln und Zucchini und alles gemeinsam braten. Zum Schluß die Erbsen und mit Salz und Cayennepfeffer gewürzte, verquirlte Eier untermischen, fest werden lassen und gleich servieren.

Rühreier mit Paprikaschoten

80 g Zwiebeln
80 g Schmalz oder Butter
8 grüne Paprikaschoten
Salz
Pfeffer
8 Eier
rote Chilisauce

Feingehackte Zwiebeln in erhitztem Schmalz oder Butter schäumen, die in dünne Streifen geschnittenen Paprikaschoten hinzugeben, kurz schmoren, salzen, pfeffern, mit verquirlten Eiern vermischen und stocken lassen. Mit Chilisauce und Tortillas oder Reis servieren.

Rühreier mit Tomaten

werden auf die gleiche Art zubereitet wie im vorherigen Rezept, nur statt Paprikaschoten nimmt man 8 enthäutete, kleingeschnittene Tomaten. Die fertige Speise mit feingehackter Petersilie oder Basilikum bestreuen.

Rühreier mit Auberginen

werden wie Rühreier mit Paprikaschoten zubereitet, nur statt Paprikaschoten nimmt man 4—6 schöne geschälte, in kleine Würfel geschnittene Auberginen und 2 EL Mandelblätter.

Rühreier mit Gemüse

80 g Zwiebeln
2—3 Knoblauchzehen
80 g Schmalz oder Butter
2 Zucchini
200 g Tomaten
200 g grüne Paprikaschoten
8 Eier

Feingehackte Zwiebeln und zerdrückten Knoblauch in erhitztem Schmalz oder Butter leicht bräunen, in kleine Würfel geschnittene Zucchini, enthäutete, kleingeschnittene Tomaten und in dünne Streifen geschnittene Paprikaschoten hinzugeben und weich dünsten. Dann salzen, pfeffern, die verquirlten Eier daruntermischen und stocken lassen. Mit Tortillas oder Reis und Chilisauce servieren.

Spiegeleier mit Gemüse und Chilisauce

80 g Zwiebeln
100 g Öl oder Schmalz
200 g Champignons
200 g Tomaten
200 g grüne Paprikaschoten
$^3/_{10}$ l rote Chilisauce
8 Eier

Feingehackte Zwiebeln in 60 g Öl oder Schmalz leicht bräunen, die blättrig geschnittenen Champignons, enthäutete, kleingeschnittene Tomaten und in dünne Streifen geschnittene Paprikaschoten hinzugeben und gemeinsam weich dünsten. Die Chilisauce daruntermischen, aufwärmen und auf einer vorgewärmten Platte anrichten. In dem restlichen Öl Spiegeleier bereiten und auf das Gemüse auf der Platte legen. Mit Tortillas oder Maiskroketten servieren.

Spiegeleier, mexikanisch

8 Eier
Öl
Salz
Pfeffer
Reis auf mexikanische Art (s. Rezept Seite 176)

In dem erhitzten Öl Spiegeleier bereiten, salzen, pfeffern und damit den auf einer vorgewärmten Platte angerichteten Reis belegen.

Eier Ranchero

(Abb. S. 161)

4 kleine Tomaten, gewürfelt
4 kleine Zwiebeln, in Streifen geschnitten
4 kleine Paprikaschoten, in Streifen geschnitten
1 Chilischote (aus der Dose)
2 Knoblauchzehen, zerdrückt
Saft von 1/4 Zitrone
4 Tortillas
4—8 Eier
8 Scheiben Frühstücksspeck
1/4 Tasse Olivenöl
Salz
Zucker
(Als Faustregel gilt: 1/3 Tomaten, 1/3 Zwiebeln, 1/3 Paprikaschoten)

Das Olivenöl in einer Pfanne erhitzen, die Zwiebeln darin dünsten, Paprika und Tomaten zugeben. Chilischote fein hacken und zu dem Gemüse geben, mit dem Knoblauch, 1 Prise Salz, 1 Prise Zucker und dem Zitronensaft würzen. Dieses Gemüse wird nur halb gegart. Während es langsam köchelt, die Tortillas braten, mit 1 oder 2 Spiegeleiern belegen, jeweils 2 Scheiben gebratenen Speck dazugeben und das Eiweiß mit der Gemüsesauce begießen. Mit Reis oder weißen Bohnen servieren.

Omelettes

Omelettes mit Champignons und Paprikaschoten

8 Eier
1/8 l Milch
Salz
Pfeffer
2 × 60 g Butter
200 g Champignons
200 g rote Paprikaschoten
Tomaten zum Garnieren

Aus Eiern, Milch, Salz und Pfeffer einen glatten Omeletteteig bereiten und in erhitzter Butter 4 Omelettes backen. Die blättrig geschnittenen Champignons und in dünne Streifen geschnittene Paprikaschoten in der restlichen Butter weich dünsten, salzen und pfeffern und auf die Omelettes verteilen. Diese zusammenrollen, auf einer vorgewärmten Platte anrichten und mit Tomatenscheiben garnieren.

Omelettes mit Hühnerleber

8 Eier
1/8 l Milch
Salz
Pfeffer
2 × 60 g Butter
200 g Hühnerleber
100 g rote Paprikaschoten
100 g Tomaten
4 EL rote Chilisauce
(s. Rezept Seite 122)

Aus Eiern, Milch, Salz und Pfeffer einen glatten Omeletteteig bereiten und in erhitzter Butter 4 goldfarbene Omelettes backen. Die Hühnerleber in kleine Stücke schneiden, in der restlichen Butter kurz braten, in dünne Streifen geschnittene Paprikaschoten und enthäutete, in kleine Würfel geschnittene Tomaten hinzugeben, salzen, pfeffern und gemeinsam alles kurz dünsten. Die Füllung auf die Omelettes verteilen, zusammenrollen und auf den Tellern angerichtet mit Chilisauce übergießen.

Omelettes mit Tomaten und Paprikaschoten

8 Eier
1/8 l Milch
Salz
Pfeffer
2 × 60 g Butter
100 g Zwiebeln
150 g Tomaten
150 g rote Paprikaschoten
feingehackte Petersilie

Aus Eiern, Milch, Salz und Pfeffer einen glatten Omeletteteig bereiten und in erhitzter Butter 4 goldfarbene Omelettes backen. Feingehackte Zwiebeln in der restlichen Butter leicht bräunen, die enthäuteten, kleingeschnittenen Tomaten und in dünne Streifen geschnittene Paprikaschoten hinzugeben und alles gemeinsam weich dünsten. Die Füllung auf die Omelettes verteilen, die Omelettes zusammenrollen und auf einer vorgewärmten Platte anrichten, mit gehackter Petersilie bestreuen.

Omelettes mit Tomaten gefüllt

8 Eier
$^1/_8$ l Milch
100 g Champignons
100 g rote Paprikaschoten
Salz
Pfeffer
2 × 60 g Öl oder Butter
300 g Tomaten
$^2/_{10}$ l Salsa Cruda
(s. Rezept Seite 122)
feingehackte Petersilie

Aus Eiern, Milch, dünnblättrig geschnittenen Champignons und feingehackten Paprikaschoten einen Omeletteteig bereiten, diesen salzen, pfeffern und in erhitztem Öl oder Butter 4 goldfarbene Omelettes backen. Die enthäuteten, kleingeschnittenen Tomaten in dem restlichen Öl schmoren, auf den Omelettes anrichten, diese zusammenrollen und auf einer vorgewärmten Platte anrichten, mit Chilisauce übergießen und mit Petersilie bestreuen. Mit Tortillas servieren.

Omelettes mit Zwiebeln und Tomaten

8 Eier
⅛ l Milch
Salz
Pfeffer
2×60 g Butter
150 g Zwiebeln
250 g Tomaten
4 EL Chilisauce

Aus Eiern, Milch, Salz und Pfeffer einen glatten Omeletteteig bereiten und in erhitzter Butter 4 goldfarbene Omelettes backen. Feingehackte Zwiebeln in der restlichen Butter bräunen, die enthäuteten, in kleine Würfel geschnittenen Tomaten hinzugeben und gemeinsam weich dünsten. Die Füllung auf die Omelettes verteilen, diese zusammenrollen und auf einer vorgewärmten Platte anrichten. Mit Chilisauce betropfen.

Rind- und Kalbfleisch

Rinderrouladen mit Gemüse gefüllt

4 Scheiben Rindfleisch à ca. 180 g
1 EL französischer Senf
Salz
Pfeffer

Für die Füllung:
200 g geschälte, in kleine Würfel geschnittene Kartoffeln
200 g in dünne Streifen geschnittenes Kraut mit Kreuzkümmel gewürzt
Öl oder Schmalz zum Braten
Tomatensauce (s. Rezept Seite 122)

Die Fleischscheiben dünn ausklopfen, mit Senf bestreichen und von beiden Seiten salzen und pfeffern. Die vorbereiteten Kartoffeln und das Kraut auf die Fleischscheiben verteilen, diese dann zusammenrollen, mit Garn binden und in erhitztem Fett von allen Seiten schnell anbraten. Ist das Fleisch fast weich, die Tomatensauce dazugießen und alles gut durchziehen lassen.

Rinderbraten in Schokoladensauce

100 g Zwiebeln
6 Knoblauchzehen
$\frac{1}{10}$ l Öl
Salz
1 kg gut abgehangenes Rindfleisch
2—3 Nelken
1 Lorbeerblatt
$\frac{1}{4}$—$\frac{3}{8}$ l Weißwein
1 TL Essig
Wasser nach Bedarf
ca. 80 g geriebene, bittere Schokolade
1—2 TL Zucker
Cayennepfeffer

Feingehackte Zwiebeln und Knoblauch in erhitztem Öl schäumen, das gesalzene Fleisch darauf von allen Seiten anbraten, die Gewürze beigeben, Weißwein, Essig und etwas Wasser hinzufügen und das Fleisch bei mäßigem Feuer ca. 2 Stunden zugedeckt schmoren, dabei zeitweilig mit eigenem Saft oder Wasser übergießen. Das weiche, in Portionen geschnittene Fleisch auf einer vorgewärmten Platte anrichten und mit der gesiebten, mit bitterer Schokolade verdickten und mit Zucker gesüßten sowie mit Cayennepfeffer gewürzten Sauce übergießen. Mit Reis oder Kartoffeln servieren.

Variation: Statt Rind- kann man auch Kalbfleisch nehmen. Unter die Sauce kann man noch feingehackte Mandeln und Rosinen geben und sie mit 1 Prise gestoßenem Zimt würzen. Zum Schluß kann man die Sauce auch noch mit ca. $\frac{1}{10}$ l süßer Sahne verfeinern.

Rindersteak nach mexikanischer Art

4 Scheiben Rinderfilet, 1 cm dick und ca. 180 g schwer

Für die Gewürzmischung:
je 1 TL Cayennepfeffer, schwarzen Pfeffer, Salz und ca. 100 g Mehl gut vermischen
100 g Öl
1/10 l Sherry
100 g Zwiebeln
2 Pfefferschoten
300 g Tomaten
200 g grüne Paprikaschoten
1/8 l Rotwein
200 g gekochte schwarze, braune oder weiße Bohnen
100 g entkernte Oliven

Das Filet klopfen, in die Gewürzmischung tauchen, in erhitztem Öl von beiden Seiten schnell braten (insgesamt 6 Minuten) und auf eine vorgewärmte Schüssel legen, dann wird das Fleisch mit Sherry reichlich beträufelt. Anschließend die feingehackten Zwiebeln und Pfefferschoten in dem Bratensaft kurz schmoren, in Stücke geschnittene Tomaten und in dünne Streifen geschnittene Paprikaschoten hinzugeben, Rotwein zugießen und bei mäßigem Feuer ca. 10—15 Minuten schmoren. Jetzt die Steaks in eine Pfanne legen, das geschmorte Gemüse mit Bohnen vermischt auf die Steaks verteilen und zugedeckt im vorgeheizten Backofen bei mäßigem Feuer (175 °C) weich backen. Auf einer vorgewärmten Platte anrichten und mit in Scheiben geschnittenen Oliven garnieren. Dazu serviert man gekochte Kartoffeln oder Reis.

Gefüllter Rinderrollbraten

1 kg gut abgehangener, enthäuteter Rostbraten
Salz
Pfeffer
Thymian
2 EL feingehackte Petersilie
100 g feingehackte Zwiebeln
ca. 1/10 l Essig
250 g frische Spinatblätter
150 g grüne Erbsen
ca. 150 g Weißbrotkrumen in 1/10 l Milch eingeweicht
150 g gebratener, feingehackter Speck
150 g Möhren
4 hartgekochte Eier
ca. 1/2 l starke Rindfleisch- oder Knochenbrühe

Den Rostbraten mit einem langen und scharfen Messer der Länge nach in 1 cm dicke Scheiben auseinanderschneiden. Das Fleisch klopfen, salzen und pfeffern, mit Thymian würzen, mit Petersilie und Zwiebeln bestreuen und mit Essig beträufeln. Über Nacht marinieren lassen. Die Scheiben dann mit Spinatblättern belegen, Erbsen mit Brotkrumen und Speck vermischen und ebenfalls darauf legen. Darauf dann die der Länge nach geviertelten Möhren geben, dazwischen die Eierviertel und dann zusammenrollen, mit einem Garn spiralenförmig zusammenbinden. In eine Pfanne legen, mit Brühe übergießen und zugedeckt im vorgeheizten Backofen bei mäßiger Hitze und zeitweiligem Umdrehen sowie Übergießen mit eigenem Saft weich dünsten (ca. 1 1/4 Stunde). Den Rollbraten dann herausnehmen, auf einer vorgewärmten Platte anrichten und mit dem Saft übergießen. Mit gekochten Kartoffeln oder Reis servieren.

Variation: Den weichgedünsteten Rollbraten zwischen Brettchen legen, beschweren und erkalten lassen und dann erst in Scheiben schneiden und servieren.

Gefüllter Rostbraten

1 kg gut abgehangener, enthäuteter Rostbraten
ca. 150 g durchwachsenes Schweinefleisch
50 g Zwiebeln
1—2 Knoblauchzehen
Salz
Pfeffer
2 hartgekochte Eier
Öl oder Schmalz zum Braten
⅛ l süße Sahne
Petersilie

Den Rostbraten so aushöhlen, daß eine Art Tunnel entsteht. Das herausgeschnittene Rindfleisch zusammen mit dem Schweinefleisch durch die Fleischmaschine drehen, mit feingehackten Zwiebeln und zerdrücktem Knoblauch vermischen, salzen und pfeffern. Mit der zubereiteten Fleischmasse und den Eiern den Rostbraten füllen, die beiden Enden mit Garn zunähen oder mit Spießen festmachen, das Fleisch noch salzen und pfeffern, in erhitztem Öl oder in Schmalz von allen Seiten anbraten und dann im vorgeheizten Backofen bei mäßigem Feuer und zeitweiligem Umdrehen sowie Übergießen im eigenen Saft rotbraun backen. Das Fleisch in Portionen schneiden und auf einer vorgewärmten Platte anrichten, den Bratensaft mit Sahne verfeinern, das Fleisch damit übergießen und mit feingehackter Petersilie garnieren.

Variation: Statt Bratensauce mit Sahne kann man auch Tomatensauce oder rote Chilisauce servieren.

Steaks à la Huancaina

$^1/_{10}$ l süße Sahne
80 g Rahmkäse (Gervais)
4 hartgekochte Eigelb
60 g feingehackte Zwiebeln
2 gemahlene oder feingehackte Pfefferschoten
4 EL Öl
Saft von $^1/_2$ Zitrone
Salz
Pfeffer
4 Scheiben Rinderfilet, 1 cm dick, ca. 180 g
Öl zum Braten

Für die Sauce: Sahne mit Rahmkäse und zerdrücktem Eigelb verrühren, Zwiebeln und Pfefferschoten daruntermischen und nach und nach das Öl und den Zitronensaft. Die Sauce salzen, pfeffern und bei mäßigem Feuer erhitzen (nicht kochen). Die Steaks salzen, pfeffern und in erhitztem Öl von beiden Seiten schnell braten (insgesamt 6—8 Minuten). Auf einer vorgewärmten Platte anrichten und mit der zubereiteten Sauce übergießen, mit Eierscheiben und Oliven garnieren. Gekochte Kartoffeln oder Reis als Beilage.

Mexikanisches Nationalgericht

Rindfleisch mit Bohnen in Tomatensauce

500 g schwarze, braune oder weiße Bohnen
800 g Rindfleisch
80 g Zwiebeln
Salz
Pfeffer
süßer Paprika
Tomatensauce (s. Rezept Seite 122)
ca. 1 EL Maismehl

Die vorbereiteten Bohnen in Wasser über Nacht einweichen, das Wasser abgießen und mit frischem Wasser durchspülen. Dann mit in ca. 3 cm große Würfel geschnittenem Fleisch und geschnittenen Zwiebeln bei mäßigem Feuer kochen. Erst zum Schluß salzen, pfeffern und mit Paprika bestreuen, die Tomatensauce beigießen, dann mit in kaltem Wasser verrührtem Maismehl andicken und gut aufkochen lassen.

Variation: Das Gericht kann man auch mit halb Schweine- und halb Rindfleisch oder Kalbfleisch bereiten und mit feingehacktem Koriander oder zerdrücktem Knoblauch würzen.

Fleischtopf mit Gemüse und Rosinen nach kubanischer Art

800 g Rindfleisch (Brust oder Rippe)
Salz
ca. 1 l Wasser
100 g Zwiebeln
2—3 Knoblauchzehen
60 g Öl
200 g Tomaten
100 g rote Paprikaschoten
100 g entkernte Oliven
gestoßene Nelken
1 EL Essig
ca. 150 g Rosinen

Das Fleisch in ca. 3 cm große Würfel schneiden und in gesalzenem Wasser zugedeckt ca. 1½ Stunden kochen, dann aufgedeckt, bis die Flüssigkeit fast verdampft ist. Feingehackte Zwiebeln und Knoblauch in erhitztem Öl leicht bräunen, enthäutete kleingeschnittene Tomaten, in dünne Streifen geschnittene Paprikaschoten und in Scheiben geschnittene Oliven hinzugeben, mit Salz und Nelken würzen, mit Essig säuern und ca. 15 Minuten bei mäßigem Feuer kochen lassen. Dann das Fleisch und die vorbereiteten Rosinen hinzugeben und gemeinsam alles noch weitere 10 Minuten kochen. Mit gekochtem Reis servieren.

Fleischtopf mit Gemüse

800 g Rindfleisch (Brust oder Rippe)
100 g Zwiebeln
2—3 Knoblauchzehen
ca. 300 g grüne Bohnen
1 Minzezweig
2 Nelken
Salz
Pfeffer
süßer Paprika
4 kleine Zucchini
200 g tiefgekühlte Maiskörner

Das Fleisch in ca. 3 cm große Würfel schneiden und in einem Topf mit ca. 2 l Wasser übergießen. Hinzu noch geschnittene Zwiebeln und Knoblauch geben, in schräge Stücke geschnittene grüne Bohnen, die Minze, Nelken, Salz, Pfeffer, Paprika und alles gemeinsam kochen lassen. Ist das Fleisch weich, die in Scheiben geschnittenen Zucchini und Maiskörner hinzugeben und alles weich kochen. Mit Tortillas als Beilage servieren.

Rindersteak Yucateca

4 Scheiben Rinderfilet, 1 cm dick und ca. 180 g schwer
Saft von 1 Zitrone
3—4 zerdrückte Knoblauchzehen
100 g Butter
je 200 g grüne und rote Paprikaschoten
200 g Tomaten
400 g geschälte Kartoffeln
1 große Zwiebel
Salz
Pfeffer
Paprika
frischer Majoran

Die Fleischscheiben mit Zitronensaft betropfen, mit zerdrücktem Knoblauch bestreichen und in erhitzter

Butter schnell von beiden Seiten braten (insgesamt 6 Minuten). Die gebratenen Beefsteaks auf einer vorgewärmten Platte anrichten. In Streifen geschnittene Paprikaschoten und enthäutete, geschnittene Tomaten in Salzwasser weich kochen. Getrennt davon die geviertelten Kartoffeln. Feingehackte Zwiebeln in dem Bratenfett leicht bräunen, das weichgekochte Gemüse und die Tomaten hinzugeben, vermischen, salzen, pfeffern und paprizieren und über das Fleisch auf der Platte anrichten. Mit frischem Majoran bestreuen.

Carne asado

4 Steaks à ca. 150 g
Öl zum Braten
gebratene Bohnen (s. Rezept Seite 165)
mit Fleischbrühe körnig gekochter Reis
2 geschälte, in Butter gebratene Bananen
2 große, reife Avocados
1 EL feingehackte Zwiebeln
250 g Maisgrieß in Fleischbrühe gekocht und mit Koriander gewürzt

Die in erhitztem Öl schnell von beiden Seiten gebratenen Steaks auf vorgewärmten Tellern oder Platten anrichten und mit in Scheiben geschnittenen Bohnen, in Butter kurz gebratenem, gekochtem Reis, in Scheiben geschnittenen Bananen, geschälten, zerdrückten, mit feingehackten Zwiebeln vermischten Avocados und Maisbrei umgeben. Jeder bedient sich nach eigenem Geschmack.

Fleischtopf auf brasilianische Art

1 geräucherte Rinderzunge
800 g Rindfleisch (Brust oder Rippe)
500 g über Nacht eingeweichte Bohnen
4 spanische Schweinswürste
400 g geräucherter Speck
400 g gepökeltes Schweinefleisch
100 g Zwiebeln
2—3 Knoblauchzehen
60 g Öl
200 g Tomaten
1 Lorbeerblatt
1 Bund feingehackte Petersilie
ca. 600 g Orangen, ungespritzt

Die gewaschene, geräucherte Zunge in kochendes Wasser legen und bei mäßigem Feuer weich kochen (ca. 3 Stunden). Ob die Zunge weich ist, sieht man, wenn man mit der Gabel in die Zungenspitze einsticht, die am zähesten ist. Die gekochte Zunge kurz in kaltes Wasser tauchen und von dem breiteren Ende in Richtung Zungenspitze enthäuten. Getrennt in einen anderen Topf das Rindfleisch und die eingeweichten, abgetropften Bohnen geben, die Schweinswürste, den geräucherten Speck sowie das Schweinefleisch, mit Wasser übergießen und zugedeckt bei mittlerer Hitze kochen, wobei man darauf achten muß, daß das Fleisch immer mit Wasser bedeckt ist, und die Bohnen und das Fleisch weich kochen (insgesamt ca. 2 Stunden). Feingehackte Zwiebeln und Knoblauch in erhitztem Fett leicht bräunen, enthäutete, kleingeschnittene Tomaten, Lorbeerblatt und Petersilie hinzugeben und weitere 5 Minuten köcheln. Dann ca. 100 g gekochte, zerdrückte Bohnen und ⅛ l Brühe hinzugeben, alles gut vermischen, gut aufkochen lassen und die Bohnensauce über die getrennt in einer Schüssel angerichteten gekochten Bohnen gießen. Das Fleisch in Portionen schneiden, auf einer vorgewärmten Platte mit der in der Brühe aufgewärmten, in Scheiben geschnittenen Zunge anrichten und mit Orangenscheiben garnieren. Mit Reis nach mexikanischer Art zubereiten (statt Hühnerbrühe nimmt man Fleischbrühe) und mit Chilisauce servieren (s. Rezept Seite 122).

Kalbfleisch in Nußsauce

1 kg Kalbfleisch (Keule)
1 l Wasser
Salz
2 Zwiebeln
2—3 Knoblauchzehen
1 Thymianzweig
Salz
Pfeffer
60 g Butter
ca. 1/4 l Milch
1/8 l süße Sahne
ca. 200 g geriebene Walnüsse oder Cashewnüsse

Das Fleisch in gesalzenem Wasser mit einer geschnittenen Zwiebel, Knoblauch, Thymian und Pfeffer halbweich kochen, herausnehmen, abtropfen lassen und in erhitzter Butter bräunen und erkaltet in Scheiben schneiden. Die zweite, feingehackte Zwiebel in dem Bratenfett bräunen, Milch und die mit Nüssen verrührte Sahne hinzugeben und zu einer dicklichen Sauce aufkochen. Dann die zubereiteten Kalbfleischscheiben hineinlegen, nach Geschmack noch salzen und pfeffern und bei mäßigem Feuer kochen, bis das Fleisch ganz weich und die Sauce eingedickt ist. Mit Reis oder gekochten Kartoffeln und Salat servieren.

Rindfleischspießchen

1 kg gut abgehangenes Rinderfilet

Für die Marinade:
¼ l Essig
⅛ l Wasser
2 EL feingehackter Estragon
2 feingehackte Pfefferschoten
2—3 feingehackte Knoblauchzehen
Salz
2 Lorbeerblätter
Pfeffer
ca. $^{1}/_{10}$ l Öl

Rinderfilet in ca. 3 cm große Würfel schneiden, mit der aus den angegebenen Zutaten bereiteten Marinade übergießen und über Nacht kalt stellen. Die Fleischwürfel dann auf Spießchen aufstecken, mit dem Öl bestreichen und grillen (ca. 10—15 Minuten). Mit gebratenen, süßen Kartoffeln und gekochten Maiskörnern servieren.

Beefsteaks nach kreolischer Art

8 kleine Steaks à ca. 100 g
80 g Öl
200 g geschälte Kartoffeln
200 g Tomaten
200 g Zwiebeln
200 g grüne Paprikaschoten
2—3 Knoblauchzehen
ca. ⅜ l Rindfleischbrühe
Salz
Pfeffer
1 Bund feingehackte Petersilie

Die vorbereiteten Steaks in erhitztem Öl von beiden Seiten schnell braten, in einer größeren Pfanne abwechselnd mit in dicke Scheiben geschnittenen Kartoffeln, Tomaten, Zwiebeln und in dünne Streifen geschnittenen Paprikaschoten anrichten. Gehackten Knoblauch in dem Bratenfett leicht bräunen, mit Brühe aufgießen, Salz, Pfeffer und Petersilie hinzugeben, gut aufkochen lassen und das Gemüse und Fleisch in der Pfanne übergießen. Zugedeckt dann bei mäßigem Feuer alles weich kochen (ca. 30 Minuten). Mit knusprig gebratenen Tortillas und grünem Salat servieren.

Steaks in Erdnußsauce

100 g Zwiebeln
60 g Öl
100 g grüne Paprikaschoten
200 g Tomaten
Cayennepfeffer
Salz
¼ l Rindfleischbrühe (Würfel)
200 g geriebene Erdnüsse
1/10 l Sahne
4 Scheiben Rinderfilet, 1 cm dick à 180 g
Pfeffer
40 g Butter mit 40 g Öl vermischt zum Braten
Tequila

Feingehackte Zwiebeln in erhitztem Öl schäumen, gehackte Paprikaschoten und enthäutete, in kleine Stükke geschnittene Tomaten hinzugeben, mit Cayennepfeffer würzen, salzen und kurz schmoren. Dann Brühe beigießen, die mit Erdnüssen vermischte Sahne beigeben, noch mal aufkochen lassen und die Sauce, mit ein paar Tropfen Tequila parfümiert, warm stellen. Die Fleischscheiben in erhitzter Butter, mit Öl vermischt, schnell von jeder Seite ca. 3 Minuten braten, salzen, pfeffern, auf einer vorgewärmten Platte anrichten und mit der zubereiteten Erdnußsauce übergießen und servieren. Beilage Reis oder gekochte Kartoffeln.

Fleischtopf auf kreolische Art

250 g getrocknete Kichererbsen
Wasser
800 g Rindfleisch (Brust oder Rippe)
400 g gepökeltes mageres Schweinefleisch
1 Hähnchen (1,4 kg)
Salz
Pfeffer
4 spanische Würstchen (Schweinswürste)
200 g Zwiebeln
200 g Möhren
4 Knoblauchzehen
1—2 kleine Zucchini
200 g Tomaten
200 g grüne Paprikaschoten
200 g geschälte Kartoffeln
2—3 Lauchstangen
1 kleiner Kohlkopf (ca. 300—400 g)
1 Bund Petersilie

Die Kichererbsen über Nacht in kaltem Wasser einweichen, abtropfen lassen, mit ca. 3 l Wasser übergießen und zum Kochen bringen. Dann Rind-, Schweinefleisch und Hähnchen hineinlegen, salzen, pfeffern und bei mittlerer Hitze zugedeckt ca. 1½ Stunden kochen lassen. Jetzt die Würstchen hinzugeben sowie die in Scheiben geschnittenen Zwiebeln und Möhren, gehackten Knoblauch, geschälte Zucchini, enthäutete, geviertelte Tomaten, in dünne Streifen geschnittene Paprikaschoten, in Scheiben geschnittene Kartoffeln und Lauch sowie den in Streifen geschnittenen Kohl, noch würzen und dann weiterkochen, bis das Gemüse weich ist (ca. 20 Minuten). Das weichgekochte Fleisch in Portionen schneiden und auf einer vorgewärmten Platte anrichten und mit dem Gemüse umgeben, mit feingehackter Petersilie bestreuen. Die Brühe getrennt servieren.

Mit Rindfleisch gefüllte Pastetchen

Für den Teig:
500 g Mehl
8 g Salz
ca. 150 g weiche Butter oder Margarine
Schmalz oder Öl
ca. 2/10 l lauwarme Milch

60 g Zwiebeln
1—2 Knoblauchzehen
1/10 l Öl
150 g Tomaten
600 g Rinderhack
Salz
Pfeffer
1 hartgekochtes Ei
ca. 80 g geriebener Käse
40 g entkernte Oliven
1—2 EL feingehackte Petersilie
1 TL Thymian
Öl zum Fritieren

Mit Salz gesiebtes Mehl nach und nach mit Fett und Milch zu einem glänzenden, geschmeidigen Teig verarbeiten, auf einem bemehlten Tisch zu einem ca. 3 mm dicken Fladen ausrollen und mit einem Förmchen Ringe von 10 cm Durchmesser ausstechen. Feingehackte Zwiebeln und Knoblauch in erhitztem Öl leicht bräunen, enthäutete, feingeschnittene Tomaten, Thymian, gemahlenes Fleisch, Salz und Pfeffer hinzugeben und ca. 20 Minuten dünsten. Dann vom Feuer nehmen, gehacktes Ei, Käse, gehackte Oliven und Petersilie daruntermischen. Die Füllung auf die Mitte der Teigringe verteilen, die Teigringe zu Halbmonden umklappen, die mit Wasser befeuchteten Ränder fest zusammendrücken und die Pastetchen in erhitztem Öl schwimmend goldfarben fritieren (ca. 4—5 Minuten).

Variation: Die Pastetchen kann man auch mit Schinken-, Geflügel- oder Garnelenfüllung bereiten.

Rinderfilet mit Champignons und Paprikaschoten

4 Scheiben Rinderfilet à ca. 150 g
80 g Zwiebeln
100 g Öl oder Schmalz
200 g Champignons
200 g rote Paprikaschoten
Salz
Pfeffer
ca. 1/4 l rote Chilisauce (s. Rezept Seite 122)

Auf sehr fein gehackte, in erhitztem Öl oder Schmalz geschäumte Zwiebeln die Fleischscheiben legen, darauf die blättrig geschnittenen Champignons und in dünne Streifen geschnittene Paprikaschoten und zugedeckt ca. 10 Minuten bei zeitweiligem Umdrehen schmoren. Dann die Chilisauce beigießen und noch weitere 10 Minuten dünsten. Mit gedünstetem Reis servieren.

Kalbfleisch nach mexikanischer Art

400 g Zwiebeln
150 g Schweineschmalz
1 kg Kalbfleisch
1—2 EL süßer Paprika
Salz
2/10 l Tomatenmark
Brühe
300 g Champignons
50 g Butter

Feingehackte Zwiebeln in erhitztem Schmalz leicht bräunen, in ca. 3 cm große Würfel geschnittenes Kalbfleisch hinzugeben, mit Paprika reichlich bestreuen, salzen, Tomatenmark hinzugeben und zugedeckt bei zeitweiligem Zugießen von Brühe oder Wasser weich dünsten. Die in kleine Würfel geschnittenen Champignons in Butter dünsten, salzen und unter das gedünstete Fleisch mischen. Mit Reis auf mexikanische Art servieren (s. Rezept Seite 176).

Fleischtopf mit Gemüse

250 g Kichererbsen
100 g Zwiebeln
2—3 Knoblauchzehen
80 g Öl
je 250 g Rind-, Hammelfleisch und roher Schinken
1 Hühnchen (ca. 800 g) oder ½ Suppenhuhn
4 Schweinswürste (Chorizos)
Salz
Pfeffer
Kümmel
Kerbel
je 300 g Weißkraut, Sellerie, Möhren und grüne Bohnen

Die Kichererbsen über Nacht einweichen, Wasser abgießen und mit reichlich kaltem Wasser (ca. 2½—3 l) kochen. Inzwischen feingehackte Zwiebeln und Knoblauch in erhitztem Öl leicht bräunen, das in Portionen geschnittene Hühnerfleisch hinzugeben und von allen Seiten bräunen. Dann die in Scheiben geschnittenen Schweinswürste sowie die Kichererbsen mit dem Kochwasser beigießen, das Gewürz beifügen und ca. 1 Stunde kochen. Zum Schluß das in dünne Streifen geschnittene Weißkraut, in Scheiben geschnittenen Sellerie und Möhren und schräg in Stücke geschnittene grüne Bohnen hinzugeben und bei mäßigem Feuer zusammen weich kochen. Mit Tomatensauce (s. Rezept Seite 122) servieren.

Rindfleisch mit Gemüse und Obst

100 g Zwiebeln
2—3 Knoblauchzehen
100 g Schmalz oder Öl
1 kg Rindfleisch
200 g grüne Paprikaschoten
200 g Tomaten
200 g geschälter Sellerie
6 Pfefferkörner
1 Lorbeerblatt
1 EL gehackte Petersilie
Cayennepfeffer
Majoran
Salz
3/8 l Weißwein
ca. 6/10 l starke Rindfleischbrühe
300 g geschälte Kartoffeln
300 g geschälter Kürbis
200 g geschälte, entkernte Äpfel
200 g entsteinte Pfirsiche
200 g Weintrauben
200 g tiefgekühlte Maiskörner

Feingehackte Zwiebeln und Knoblauch in erhitztem Schmalz oder Öl leicht bräunen, das in ca. 3 cm große Würfel geschnittene Fleisch hinzugeben und von allen Seiten schnell anbraten. Dann in Streifen geschnittene Paprikaschoten und enthäutete, kleingeschnittene Tomaten beigeben, Sellerie und die Gewürze, Wein und Brühe beigießen und zugedeckt bei mäßigem Feuer ca. 1 Stunde kochen. Jetzt die in Würfel geschnittenen Kartoffeln, Kürbis und Äpfel beigeben, weitere 15 Minuten kochen und zum Schluß die in Scheiben geschnittenen Pfirsiche, die Trauben und Maiskörner hinzugeben und alles weich kochen. Mit körnig gekochtem Reis servieren oder den Reis unter die Speise mischen.

Rinderlappen mit Kartoffeln auf kolumbianische Art

1 kg Rinderlappen (Bauchfleisch)
Salz
6 Pfefferkörner
1 Zwiebel
2—3 Knoblauchzehen
ca. 1 l Wasser
80 g Butter
80 g geriebener Käse
Rindfleischbrühe

1 kg geschälte Kartoffeln
Salz
Pfeffer
1 EL feingehackter Schnittlauch
250 g Tomaten
¼ l Sahne oder Milch
60 g Butter
1 EL Majoran
80 g geriebener Käse

Rinderlappen mit Pfefferkörnern, Zwiebeln und Knoblauch in gesalzenem Wasser weich kochen. Das Fleisch in größere Würfel schneiden, in eine gebutterte Pfanne legen, mit geriebenem Käse bestreuen, mit der restlichen Butter betropfen und im vorgeheizten Backofen bei mäßigem Feuer goldfarben backen.
Die Kartoffeln, mit Majoran bestreut, in der gesiebten Brühe fast weich kochen und die Brühe abgießen (man kann sie für eine schmackhafte Suppe verwenden). Die Kartoffeln in Scheiben schneiden, in eine gebutterte Pfanne legen, salzen, pfeffern, mit der restlichen Butter betropfen und mit Sahne oder Milch übergießen. Die enthäuteten, in kleine Würfel geschnittenen Tomaten darauflegen, mit gehacktem Schnittlauch und Käse bestreuen und im vorgeheizten Backofen weich dünsten.

Fleischtopf nach argentinischer Art

Für 8—12 Personen:

250 g Kichererbsen
800 g Rindfleisch (Brust oder Rippe)
600 g Lammfleisch
600 g Schweinekopf
1 Huhn (ca. 1,7 kg)
4 Schweinswürste (Chorizos)
250 g Speck
500 g Weißkraut
500 g Tomaten
2 Pfefferschoten
2—3 Knoblauchzehen
100 g Zwiebeln
500 g geschälte Kartoffeln
150 g Reis
Salz
Pfeffer
Cayennepfeffer

Die über Nacht in kaltem Wasser eingeweichten Kichererbsen gut abtropfen lassen, mit ca. 2 l frischem kalten Wasser übergießen und zum Kochen bringen, das Rind-, Lamm- und Schweinefleisch hinzugeben sowie das Huhn, salzen, pfeffern, mit Cayennepfeffer leicht würzen und bei mäßigem Feuer zugedeckt ca. 90 Minuten kochen. Jetzt die in Scheiben geschnittenen Schweinswürstchen und den in kleine Würfel geschnittenen, ausgelassenen Speck beigeben, das in grobe Streifen geschnittene Weißkraut, die enthäuteten, geviertelten Tomaten, zerdrückten Knoblauch, in Scheiben geschnittene Zwiebeln, entkernte, kleingehackte Pfefferschoten, die geviertelten Kartoffeln sowie den Reis und gemeinsam alles weich kochen. Das Fleisch herausnehmen, in größere Würfel schneiden, das Huhn enthäuten und entbeinen, dann auf einer vorgewärmten Platte anrichten und mit dem gekochten Gemüse umgeben. Die Brühe noch mit Salz, Pfeffer und Cayennepfeffer abschmecken und getrennt servieren.

Rindfleisch mit Schweinswurst, überbacken

800 g gemahlenes Rindfleisch
Salz
Pfeffer
ca. 80 g Öl
100 g Zwiebeln
100 g Tomaten
100 g Möhren
10 g Mehl
ca. 1/4 l starke Rindfleischbrühe
200 g Schweinswürste (Chorizos)

Das Fleisch salzen, pfeffern und in erhitztem Öl braten. Dann herausnehmen und warm stellen. In dem Bratenfett die feingeschnittenen Tomaten und in dünne Scheiben geschnittenen Möhren hinzugeben und gemeinsam weich dünsten, mit Mehl bestäuben und kurz schmoren. Jetzt das angebratene Fleisch daruntermischen, kochende Brühe beigießen und bei mäßigem Feuer ca. 25—30 Minuten weiterdünsten. Das Fleisch mit in dünne Scheiben geschnittener Schweinswurst belegen und im vorgeheizten Backofen ca. 10 Minuten überbacken. Mit gekochten Kartoffeln oder gedünstetem Reis servieren.

Lendenschnitten mit Champignons und Paprikaschoten

werden auf die gleiche Art zubereitet wie im dem Rezept Rinderfilet mit Champignons, Seite 58.

Gebackene Kalbsleber mit Tomaten

4 Scheiben Kalbsleber à 150 g
2—3 Knoblauchzehen
Salz
Pfeffer
Öl zum Braten
100 g Zwiebeln
300 g Tomaten
½ TL Oregano

Die Kalbsleberscheiben vorsichtig klopfen, mit zerdrücktem Knoblauch bestreichen, pfeffern, salzen, mit Mehl bestäuben und in erhitztem Öl von beiden Seiten ca. 3 Minuten braten. Die Leberschnitzel auf einer vorgewärmten Platte anrichten, in dem Bratenfett die feingehackten Zwiebeln rösten, herausnehmen und die Leber bestreuen. Dann die enthäuteten, kleingeschnittenen Tomaten, mit Oregano bestreut, in dem Bratensaft dünsten und die Leberscheiben damit umlegen. Mit gekochten Kartoffeln oder gedünstetem Reis servieren.

Steaks auf mexikanisch

4 Beefsteaks à 150 g
Salz
Pfeffer
100 g Schweineschmalz
100 g feingeschnittene, geröstete Zwiebeln
300 g Tomaten
300 g grüne Paprikaschoten
rote Chilisauce (s. Rezept Seite 122)

Die Fleischscheiben leicht klopfen, salzen, pfeffern und in erhitztem Schmalz von jeder Seite 4—5 Minuten braten. Gebraten auf eine vorgewärmte Platte legen und mit den zuvor gerösteten Zwiebeln bestreuen.

In dem Bratenfett die enthäuteten, geviertelten Tomaten und die in dünne Scheiben geschnittenen Paprikaschoten dünsten, salzen, pfeffern und damit die Beefsteaks umgeben. Mit Chilisauce getrennt servieren.

Variation: Statt Paprikaschoten kann man auch vorbereitete, in Scheiben geschnittene, gedünstete Auberginen, Lauch oder Zucchini nehmen.

Beilage: Gekochte Kartoffeln, gedünsteter Reis.

Rindernieren mit roten Paprikaschoten

600 g Rindernieren
150 g Speck
60 g Zwiebeln
300 g rote Paprikaschoten
$^1/_{10}$ l Kalbsbrühe oder Rotwein
Pfeffer
Salz
Nelke

Die gesäuberten Nieren in ca. 2 mm dicke Scheiben schneiden. Auf in kleine Würfel geschnittenem, ausgelassenem Speck die feingehackten Zwiebeln schäumen, die zubereiteten Nieren hinzugeben und kurz schmoren, bis sie weißlich werden (ca. 2 Minuten). Dann Kalbsbrühe oder Rotwein beigießen, pfeffern, die in dünne Streifen geschnittenen Paprikaschoten hinzugeben und kurz dünsten. Erst die fertigen Nieren salzen und mit Nelkenpulver bestäuben.

Variation: Auf diese Weise kann man auch Kalbs- oder Schweinenieren bereiten und statt Pfeffer kann man süßen Paprika nehmen.
Mit gedünstetem Reis, gekochten Kartoffeln oder Tortillas servieren.

Schweinefleisch

Mexikanischer Schweinebraten

800 g Schweinefleisch (Keule oder Schulter)
ca. 1/8 l Wasser
2 Tomaten
2 Knoblauchzehen
Salz
Pfeffer
süßer Paprika
Kümmel
Koriander
1—2 EL Essig
1 in kleine Würfel geschnittenes, geröstetes Brot
Orangenscheiben und Zwiebelringe zum Garnieren

Das Fleisch in eine Pfanne legen, mit Wasser übergießen und zugedeckt kochen, bis das Fleisch schön braun ist und das Wasser verdampft. Dann die enthäuteten, entkernten, kleingeschnittenen Tomaten, zerdrückten Knoblauch, Salz, Pfeffer, Paprika, Kümmel und Koriander sowie Essig hinzugeben und weich dünsten. Auf einer vorgewärmten Platte anrichten und mit Brotwürfeln, Orangenscheiben und in Salzwasser marinierten Zwiebelringen garnieren.

Mancha Manteles

(Tischtuchkleckser)

400 g entbeintes Schweinefleisch
400 g Hühnerfleisch
Salz
Pfeffer
ca. 80 g Mehl
80 g Schweineschmalz oder Öl
rote Paprikaschoten, in gesalzenem, mit Essig gesäuertem Wasser über Nacht eingeweicht
4 Tomaten
1 große Zwiebel
80 g Erdnüsse
2—3 Knoblauchzehen
ca. 100 g Weißbrot
½ l Hühnerbrühe
1 Banane
200 g Kompottananas
2—3 geschälte Äpfel
100 g grüne Erbsen
1 TL Zucker
1 EL Essig

Das Fleisch in ca. 2 cm große Würfel schneiden, salzen, pfeffern, mit Mehl bestreuen und in erhitztem Schmalz oder Öl braun braten. Eingeweichte rote Paprikaschoten mit Tomaten, Zwiebel, Erdnüssen und mit in etwas Hühnerbrühe eingeweichtem Weißbrot im Mixer pürieren. Das Püree in etwas Fett kurz schmoren lassen und damit das gebratene Fleisch übergießen. Dann Hühnerbrühe beigießen, in Scheiben geschnittene Banane, in Würfel geschnittene Ananas und Äpfel sowie die grünen Erbsen hinzugeben, die Brühe süßen und säuern und langsam kochen lassen (ca. 40 Minuten). Das Eintopfgericht zum Schluß noch mit Salz und Pfeffer abschmecken.

Schweineschnitzel gefüllt

4 Schweineschnitzel à ca. 150 g
Salz
4 Scheiben durchwachsener Speck
40 g Butter
starke Rindfleisch -oder Knochenbrühe

Für die Füllung:
80 g Rindfleisch
80 g Schweinefleisch
1 Semmel
⅛ l Milch oder Brühe
20 g Zwiebeln
20 g Schmalz
1 Knoblauchzehe
1 Ei
40 g geriebener Käse
Pfeffer
Muskatnuß
Senf

Füllung: Rind- und Schweinefleisch mit der in Milch oder Brühe eingeweichten, ausgedrückten Semmel in der Fleischmaschine mahlen und mit den feingehackten, in Schmalz gerösteten Zwiebeln, dem zerdrückten Knoblauch, dem verquirlten Ei, geriebenem Käse, Salz, Pfeffer und geriebener Muskatnuß vermischen.
Die Schweineschnitzel dünn ausklopfen, salzen, mit Senf und mit der zubereiteten Füllung bestreichen. Die bestrichenen Fleischscheiben dann bis zur Hälfte umklappen, die Ränder mit dem Fleischklopfer zusammenklopfen, mit Speckscheiben umfassen und mit Spießchen zusammenhalten. Die Schnitzel in eine Pfanne mit zerlassener Butter geben und im vorgeheizten Backofen bei zeitweiligem Übergießen mit eigenem Saft oder Brühe ca. 20—25 Minuten braten.
Auf der Mitte einer Platte gedünsteten Reis anrichten, den man zuvor mit gedünsteten grünen Erbsen, mit Möhren, Blumenkohl und frischem Kerbel vermischt hat. Den Reis mit den zubereiteten Schnitzeln umgeben.

Variation: In dem Bratensaft 30 g feingehackte Zwiebeln schäumen, 80 g feinblättrig geschnittene Champignons hinzugeben, 3 EL Tomatensaft und 2 EL Weißwein, alles gut aufkochen lassen und die Sauce über die auf einer vorgewärmten Platte angerichteten Schnitzel gießen.

Schweinefleisch mit Zucchini

800 g durchwachsenes Schweinefleisch
1 große Zwiebel
2 Knoblauchzehen
60 g Schmalz oder Öl
50 g Tomatenmark
ca. 3/8 l Wasser
2 EL feingehackte Petersilie
Salz
Pfeffer
6 Zucchini
250 g tiefgekühlten Mais
2 grüne oder rote Paprikaschoten
1/4 TL Rosmarin

Das Fleisch in kleinere Würfel schneiden und mit feingehackter Zwiebel und Knoblauch in erhitztem Schmalz oder Öl braten. Dann Tomatenmark, Wasser, Rosmarin und Petersilie hinzugeben, salzen, pfeffern und zugedeckt bei mäßigem Feuer dünsten, bis das Fleisch fast weich und die Sauce dick ist (ca. 30 Minuten). Jetzt die in kleine Würfel geschnittenen Zucchini, Mais und in dünne Streifen geschnittene Paprikaschoten hinzugeben und gemeinsam dünsten, bis alles weich ist (ca. 10 Minuten).

Schweinefleisch mit Hühnchen

200 g Zwiebeln
2—3 Knoblauchzehen
1 Bund Petersilie
Salz
Cayennepfeffer
1 TL Kreuzkümmel
1 Hühnchen (ca. 1,4 kg)
ca. 1 l Wasser
40 g Butter für die Form
4 Schweinekoteletts à 150 g
Öl zum Braten
Salz
Pfeffer
500 g kleine geschälte süße Kartoffeln
250 g frische oder tiefgekühlte Maiskörner

Für die Sauce:
100 g Zwiebeln
60 g Öl
200 g Tomaten
¼ l Milch
ca. 100 g Semmelbrösel
ca. 100 g geriebener Käse
Salz

Zwiebeln, Knoblauch, Petersilie und Kümmel mit 1 Prise Salz und Cayennepfeffer im Mixer pürieren, mit der zubereiteten Paste das in kleine Teile portionierte Hühnchen bestreichen und über Nacht kalt stellen. Das marinierte Hühnchen dann mit Wasser übergießen und fast weich kochen (ca. 40 Minuten), herausnehmen und die Brühe sieben. Das Hühnchen dann in eine gebutterte Pfanne legen und im vorgeheizten Backofen bei starkem Feuer (220°C) goldgelb backen (ca. 15 Minuten). Getrennt in einer Pfanne die vorbereiteten, mit Salz und Pfeffer bestreuten Schweinekoteletts von beiden Seiten schnell braten und warm stellen. In der Hühnerbrühe die geviertelten Kartoffeln und Mais weich kochen (ca. 20 Minuten). Die feingehackten Zwiebeln in erhitztem Öl schäumen, die enthäuteten, kleingeschnittenen Tomaten hinzugeben, kurz dünsten, dann die mit Semmelbröseln vermischte Milch beigeben und kurz aufkochen. Zum Schluß den geriebenen Käse unter die Sauce mischen und erhitzen, bis der Käse schmilzt. Auf einer vorgewärmten Platte das Hühnchen anrichten und mit den gebratenen Koteletts, auf einer anderen Platte die Kartoffeln mit dem Mais. Die Sauce dazu getrennt servieren.

Schweinefleischtopf

2 große Zwiebeln
2—3 Knoblauchzehen
80 g Öl
800 g Schweinefleisch
80 g Reis
400 g Tomaten
ca. $^{6}/_{10}$ l starke Rindfleischbrühe (Würfel)
500 g geschälte Kartoffeln
250 g nicht ganz reife Bananen
Salz
Cayennepfeffer
Safran
je $^{1}/_{4}$ TL gestoßene Nelken und Zimt
100 g geriebene Erdnüsse
$^{1}/_{8}$ l Sahne
1—2 EL Ahornsirup

Feingehackte Zwiebeln und Knoblauch in erhitztem Öl schäumen, in Würfel geschnittenes Fleisch und Reis hinzugeben und leicht bräunen lassen. Jetzt die kleingeschnittenen Tomaten hinzugeben, kochende Fleischbrühe beigießen, salzen, würzen und ca. 30 Minuten bei mäßiger Hitze kochen. Dann die geviertelten Kartoffeln und Bananen in den Topf geben und weitere 20—25 Minuten kochen. Zum Schluß die Erdnüsse daruntermischen sowie Sahne und Ahornsirup, kurz aufkochen und servieren.

Schweinefleisch nach aztekischer Art

800 g Kartoffelbrei
2 Eier
ca. 100 g Mehl
100 g geriebener Käse
Öl zum Braten
4 Tomaten
2 geschälte Avocados
1 große Zwiebel
Salz
Cayennepfeffer
ca. 600 g Schweinebraten

Kartoffelbrei mit Ei, Mehl und Käse gut verarbeiten, aus der Masse Klößchen formen und in erhitztem Öl schwimmend goldfarben braten. Tomaten mit Avocados und Zwiebel im Mixer pürieren, salzen, mit Cayennepfeffer gut würzen und mit in dünne Streifen geschnittenem Schweinefleisch vermischen. Mit der so zubereiteten Mischung die heißen Klößchen übergießen und servieren.

Schweinefleisch in Pulque

60 g Zwiebeln
600 g Schweinefleisch (Schweinelende, Schulter oder Hals)
1—2 Knoblauchzehen
Salz
Paprika
Schmalz oder Öl zum Braten
ca. ½ l Pulque (Agavenwein)

Die feingeschnittenen Zwiebeln in erhitztem Fett schäumen, das Fleisch hinzugeben sowie zerdrückten Knoblauch, salzen, mit Paprika würzen und von allen Seiten schnell braten. Dann mit Pulque übergießen, aufkochen lassen und im vorgeheizten Backofen bei zeitweiligem Übergießen mit eigenem Saft und Pulque weich dünsten.

Variation: Statt Pulque nimmt man Bier und statt Schweinefleisch kann man auch Rindfleisch nehmen.

Beilagen: Kartoffelbrei, rohe Gemüsesalate.

Mexikanisches Hackfleisch

300 g Schweinefleisch
300 g Kalbfleisch
1 Zwiebel
2 Knoblauchzehen
Schmalz oder Öl zum Braten (80 g)
50 g Tomatenmark
60 g Mandeln
60 g entkernte Oliven
60 g Sultaninen
30 g Zitronat
1 Banane
1 Apfel
Salz
Cayennepfeffer
je 1 Prise gemahlene Nelken und Zimt

Feingehackte Zwiebel und Knoblauch in erhitztem Fett leicht bräunen, das zuvor gemahlene Fleisch hinzugeben, kurz anbraten, Tomatenmark, gehackte Mandeln, kleingeschnittene Oliven, Sultaninen, in kleine Würfel geschnittene Banane und geschälten, entkernten Apfel hinzugeben, salzen und mit Cayennepfeffer, Nelken und Zimt würzen, gut vermischen und bei mäßigem Feuer schmoren. Mit Reis als Beilage servieren.

Klößchen in Fleischbrühe

300 g Schweinefleisch
300 g Kalbfleisch
1 große Zwiebel
2 rohe und 2 hartgekochte Eier
100 g entkernte Oliven
Salz
Pfeffer
Mehl
ca. 1 l starke Rindfleischbrühe

Das Fleisch in der Fleischmaschine mahlen, feingehackte Zwiebel, rohe und hartgekochte Eier, feingeschnittene Oliven, Salz und Pfeffer hinzugeben und alles gut vermischen. Auf einem bemehlten Tisch kleine Klößchen formen und 1 Stunde ruhen lassen. Dann in kochende, gesalzene Rindfleischbrühe legen und gar kochen. Mit Reis oder Maisbrei servieren.

Schweinekoteletts, überbacken

4 Schweinekoteletts à 180 g
Salz
Pfeffer
100 g Zwiebeln
150 g roher Schinken
100 g Schweineschmalz
2 Schweinswürste (Chorizos)
ca. 80 g grobgeriebene Mandeln

Die Koteletts leicht klopfen, salzen, pfeffern und auf feingehackte, in erhitztem Schmalz geschäumte Zwiebeln mit in kleine Würfel geschnittenem Schinken geben und von beiden Seiten braten. Dann in einer Pfanne anrichten, mit in dünne Scheiben geschnittener Schweinswurst belegen, mit Mandeln bestreuen und im vorgeheizten Backofen überbacken. Mit gekochten Kartoffeln oder gedünstetem Reis servieren. Dazu Tomatensalat mit gehacktem Stangensellerie.

Schweinefleischklößchen

600 g nicht zu fettes Schweinefleisch
1 Ei
2×40 g Zwiebeln
1—2 Knoblauchzehen
100 g Weißbrot in ⅛ l Milch oder Brühe eingeweicht
Salz
Pfeffer
2 hartgekochte, geviertelte Eier
250 g Champignons
1 EL Zitronensaft mit etwas Wasser vermischt
Schmalz oder Öl zum Braten
ca. 1 EL Mehl
⅛ l Fleischbrühe
Zitronensaft oder Weißwein

Fleisch und ausgedrücktes Weißbrot in der Fleischmaschine mahlen, Ei, feingehackte Zwiebeln, zerdrückte Knoblauchzehe, Salz und Pfeffer hinzugeben und alles gut vermischen. Aus dem Fleischsud kleine Klößchen formen, in die Mitte ein Stück des gekochten Eies legen, mit dem Fleischbrei gut verpacken und ruhen lassen. Die blättrig geschnittenen Champignons in Zitronenwasser legen, damit sie schön weiß bleiben. 40 g feingehackte Zwiebeln in erhitztem Fett schäumen, die gut abgetropften Champignons hinzugeben, mit Mehl bestreuen, Brühe beigießen und aufkochen lassen. Die Sauce mit Zitronensaft oder Weißwein abschmecken, die Klößchen hineinlegen und weich dünsten. Mit Kartoffeln oder Kartoffelbrei servieren.

Schweinekoteletts mit Tomaten und Paprikaschoten

4 Schweinekoteletts à ca. 180 g
Salz
Pfeffer
2—3 Knoblauchzehen
200 g Schinkenspeck
300 g Tomaten
300 g rote Paprikaschoten
1 TL Thymian

Die Koteletts leicht klopfen, mit zerdrücktem Knoblauch bestreichen, salzen, pfeffern und auf in kleine Würfel geschnittenem, ausgelassenem Speck von beiden Seiten braten. Dann geschälte, kleingeschnittene Tomaten und in dünne Streifen geschnittenen Paprika sowie 1 TL Thymian hinzugeben und gemeinsam alles weich dünsten. Mit gekochten Kartoffeln servieren.

Klößchen in Tomatensauce

300 g Schweinefleisch
400 g mageres Rindfleisch
ca. 150 g gekochten Reis
1 große Zwiebel
2 Knoblauchzehen
1 EL Minze
½ EL Salbei
2 Eier
Salz
Pfeffer
60 g Öl
1 kleine Zwiebel
ca. ½ l Tomatensauce (s. Rezept Seite 122)
ca. ⅛ l Wasser
Koriander

Das Fleisch in der Fleischmaschine mahlen, Reis, feingehackte Zwiebel und Knoblauch hinzugeben sowie feingehackte Minze, Salbei, verquirlte Eier, salzen, pfeffern und alles gut vermischen. Aus der Fleischmasse kleine Klößchen formen. In erhitztem Öl die feingehackte Zwiebel leicht bräunen, Tomatensauce und Wasser beigießen, mit Salz, Pfeffer und Koriander abschmecken und aufkochen lassen. Die Klößchen dann in der Tomatensauce bei mäßigem Feuer ca. 40 Minuten kochen. Mit weißem Bohnen-Salat servieren.

Gekochtes Schweinefleisch mit Oliven

800 g Schweinefleisch (wahlweise: Kopf, Hals, Schweinebauch, Zunge, Herz, evtl. auch Füßchen)
Salz
Wasser
60 g Zwiebeln
80 g Pfefferkörner
ca. 1 EL Maismehl
100 g eingelegte Oliven
etwas Mixed Pickles
eingelegte Pfefferschoten (Chilis)
Cayennepfeffer

Das vorbereitete Fleisch in gesalzenes, kochendes Wasser legen, Zwiebeln und Pfefferkörner hinzugeben und langsam weich kochen. Das Fleisch herausnehmen und warm halten. Die Fleischbrühe mit Maismehl verdicken, entkernte, in dünne Streifen geschnittene Oliven, etwas Essiggemüse und Pfefferschoten hinzugeben, mit Cayennepfeffer würzen, aufkochen lassen und mit der so zubereiteten Sauce das Fleisch auf einer vorgewärmten Platte angerichtet übergießen.

Beilage: Gekochte Kartoffeln.

Schweinesteak

(Abb. S. 32)

4 gut durchwachsene Schweinesteaks, ohne Knochen
4 Tortillas
4 Eier
1 gehackte Chilischote (frisch oder aus der Dose)
Margarine oder Biskin
Salz
Paprika
Ranchero-Sauce (s. Rezept Eier Ranchero, Seite 38)

Die Schweinesteaks leicht klopfen, in Margarine oder Biskin anbraten, wenden. Nach zweimaligem Wenden mit Salz und Paprika würzen. Auf gebratenen Tortillas anrichten. Auf jedes Steak ein Spiegelei geben und das Eiweiß mit Ranchero-Sauce zudecken. Mit frisch gehackter Chilischote bestreuen. Mit Reis und Maiskörnern servieren.

Schweinefilet mit Schokoladensauce

(Abb. S. 208)

2 Pfefferschoten (Chili, scharf)
1 Zwiebel
5 große Möhren
1 Knoblauchzehe
50 g Fett oder Öl
4 schwarze Pfefferkörner
2 Nelken
1 Msp Zimt
½ Tasse Essig oder Wein
1 kg Schweinefilet
50 g bittere Kochschokolade
3 EL Sesamkörner
1 Tasse Wasser oder Brühe

Die Chilischoten, Zwiebel, Möhren und Knoblauchzehe fein hacken, in etwas Öl anbraten und dann zusammen mit den Pfefferkörnern, Nelken und dem Zimt im Mixer pürieren. ½ Tasse Essig dazugeben. Inzwischen das Schweinefilet im Stück in dem restlichen Fett anbraten und die Sauce dazugeben. Etwa 10 Minuten durchbraten. In einer Tasse Wasser oder Brühe die Schokolade auflösen und hinzufügen. Alles zusammen 30 Minuten auf kleiner Flamme simmern lassen. Filet auf Platte legen, mit Sauce übergießen, Sesamkörner darüberstreuen.

Schweinefleisch mit Gemüse und Eiern

200 g Zwiebeln
100 g Schmalz
500 g Schweinefleisch
Fleisch- oder Knochenbrühe
2 Chorizos (Schweinswürste)
250 g Tomaten
250 g grüne Paprikaschoten
1 Pfefferschote
Salz
Pfeffer
4 Eier

Feingehackte Zwiebeln in ca. 70 g erhitztem Schmalz leicht bräunen, das in ca. 3 cm große Würfel geschnittene Schweinefleisch hinzugeben, von allen Seiten anbraten, dann in Scheiben geschnittene Schweinswurst beigeben, die enthäuteten, kleingeschnittenen Tomaten, in dünne Streifen geschnittene Paprikaschoten, feingehackte Pfefferschote, Salz, Pfeffer und gemeinsam alles weich dünsten. Auf dem restlichen erhitzten Schmalz Rühreier bereiten und das auf eine Schüssel angerichtete Schweinefleisch mit Gemüse damit bedecken.

Mexikanische Fleischpastete

(Viererlei Fleisch in Pastete)

Für den Teig:
500 g Mehl
½ Päckchen Backpulver
8 g Salz
250 g Butter
ca. $^2/_{10}$ l Wasser

Für die Füllung:
je 250 g Rind-, Kalb-, Schweine- und Hühnerfleisch
80 g Mehl
Salz
Pfeffer
Muskatnuß
Zimt
ca. 4 cl Wasser
8 cl Sherry

Mit Backpulver und Salz gesiebtes Mehl nach und nach mit warmer Butter und warmem Wasser zu einem glänzenden, biegsamen Teig verarbeiten und ca. 20 Minuten zugedeckt kalt ruhen lassen. Den Teig in zwei Teile schneiden, ausrollen, mit dem einen Teil eine Pastetenform auslegen. Das in kleine Würfel geschnittene oder im Fleischmix gemahlene Fleisch mit Mehl, Salz, gestoßenem Pfeffer, Muskatnuß und Zimt würzen, mit Wasser und der Hälfte des Sherry übergießen, so zubereitet in die ausgelegte Form füllen, mit dem zweiten Teigfladen abdecken, in die Mitte des Teigdeckels einen ca. 5 cm langen Schlitz schneiden, mit Butter bestreichen und im vorgeheizten Backofen bei mäßigem Feuer goldfarben backen (ca. 1½—2 Stunden bei 175 °C). Gebacken, durch den Schlitz den restlichen Sherry in die Pastete gießen und servieren.

Chili con Carne (Rezept S. 88) ▷

Potaje de Frijol Bayo

500 g braune Bohnen
400 g durchwachsenes Schweinefleisch
300 g geräucherter Speck
2 Schweinswürste (Chorizos)
300 g Möhren
je 200 g Tomaten, rote Paprikaschoten und Zucchini
100 g Zwiebeln
50 g Schmalz oder Öl
Salz
2 EL Petersilie

Die Bohnen über Nacht in Wasser einweichen und mit frischem Wasser dann halbweich kochen. Jetzt das in ca. 2 cm große Würfel geschnittene Fleisch, in fingerdicke Scheiben geschnittenen Speck und die in dünne Scheiben geschnittenen Würstchen hinzugeben, dann die in Scheiben geschnittenen Möhren, die enthäuteten, entkernten, in kleine Stücke geschnittenen Tomaten, die in dünne Streifen geschnittenen Paprikaschoten und zum Schluß die geschälten, in kleine Würfel geschnittenen Zucchini. Die fertige Speise noch mit feingehackten, in erhitztem Schmalz oder Öl gebräunten Zwiebeln und Petersilie bestreuen und salzen. (Salz gibt man erst zum Schluß hinzu, da der Speck schon gesalzen ist.)

Variation: Statt Zucchini kann man Kohlrabi nehmen und statt Räucherspeck geräucherte Koteletts.

◁ *Paella* (Rezept S. 90)

Schweineschnitzel mit Paprikaschoten

4 Schweineschnitzel
à 150 g (Keule)
1 EL Mehl
Salz
Pfeffer
30 g Butter
30 g Öl
2—3 Knoblauchzehen
500 g grüne und rote Paprikaschoten
1 eingelegte Pfefferschote
ca. 30 g Tomatenmark
½ TL Thymian
4 EL Sahne oder Rotwein

Die Schweineschnitzel klopfen, salzen, pfeffern, mit Mehl bestäuben und auf erhitzter Butter mit Öl von beiden Seiten schnell braten (insgesamt 8—10 Minuten). Die Schnitzel auf einer vorgewärmten Platte anrichten, in dem Bratenfett die zerdrückten Knoblauchzehen leicht bräunen, die in dünne Streifen geschnittenen Paprikaschoten und die feingehackte Pfefferschote hinzugeben, kurz schmoren, Tomatenmark, Sahne oder Rotwein daruntermischen, salzen, pfeffern und auf den Schnitzeln anrichten.

Hammelfleisch

Lammhaschee mit Kartoffeln und Bananen

100 g Zwiebeln
100 g Öl
1 kg Lammfleisch
1 EL feingehackte Petersilie
Salz
Pfeffer
1 EL süßer Paprika
Saft von 1 Zitrone
800 g geschälte Kartoffeln
¼ l Sahne
4 Bananen
50 g Butter

Feingehackte Zwiebeln in erhitztem Öl schäumen, das vorbereitete, in kleine Stücke geschnittene Lammfleisch hinzugeben, von allen Seiten bräunen, Petersilie beigeben, Salz, Pfeffer, Paprika und Zitrone und zugedeckt bei mäßigem Feuer ca. 1½ Stunden dünsten. Dann die in kleine Würfel geschnittenen Kartoffeln daruntermischen und alles gemeinsam weich kochen. Zum Schluß die Sahne daruntermischen und die in Butter kurz gedünsteten, in Scheiben geschnittenen Bananen.

Zicklein mit Tomaten und Paprikaschoten

1 Zicklein-Vorder- oder Hinterteil (ca. 1,5 kg)
100 g Schmalz oder Öl
100 g Zwiebeln
2—3 Knoblauchzehen
ca. 1 kg Tomaten
500 g grüne Paprikaschoten
Salz
Pfeffer
1 EL frische Minze

Das in kleine Stücke geschnittene Fleisch in erhitztem Schmalz oder Öl von allen Seiten gut anbraten, feingehackte Zwiebeln und Knoblauch hinzugeben und leicht bräunen lassen. Jetzt die enthäuteten, entkernten, kleingeschnittenen Tomaten und in dünne Streifen geschnittenen Paprikaschoten beigeben, etwas Brühe oder Wasser beigießen, salzen, pfeffern und weich dünsten, mit Minze bestreuen. Mit Tortillas, Reis oder Kartoffeln servieren.

Lammnieren nach mexikanischer Art

600 g Lammnieren
Salz
Pfeffer
80 g Schmalz oder Öl
80 g Zwiebeln
je 200 g Champignons, rote Paprikaschoten und Tomaten
$^3/_{10}$ l Tomatensauce (s. Rezept Seite 122)

Die der Länge nach halbierten Lammnieren salzen, pfeffern und in erhitztem Schmalz oder Öl in der Pfanne von beiden Seiten schnell braten (insgesamt ca. 4—5 Minuten), herausnehmen und warm stellen. In dem Bratenfett die feingehackten Zwiebeln leicht bräunen, blättrig geschnittene Champignons, in dünne Streifen geschnittene Paprikaschoten und enthäutete, kleingeschnittene Tomaten hinzugeben und gemeinsam weich schmoren. Dann die Tomatensauce beigießen, die gebratenen Lammnieren hinzugeben und gemeinsam noch ca. 5 Minuten dünsten. Zum Schluß noch mit Salz und Pfeffer abschmecken. Mit Tortillas, gekochtem Reis oder Kartoffeln servieren.

Variation: Auf die gleiche Art werden Hammelnieren zubereitet.

Hammelfleisch mit Gemüse

Für 6—8 Personen:

100 g Zwiebeln
3—4 Knoblauchzehen
100 g Öl
1 kg mageres Hammelfleisch
je 300 g Möhren, Tomaten, Zucchini und Äpfel
250 g Maiskörner oder Erbsen
100 g Rosinen
600 g Süßkartoffeln (Batate)
Salz
Pfeffer
süßer Paprika
gestoßene Gewürznelke
Zucker

Feingehackte Zwiebeln und zerdrückten Knoblauch in erhitztem Öl schäumen, das in große Würfel geschnittene Hammelfleisch hinzugeben, von allen Seiten anbraten. Dann in kleine Würfel geschnittene Möhren, enthäutete, in Würfel geschnittene Tomaten, Zucchini und Äpfel daruntermischen sowie Mais, Rosinen und in kleine Würfel geschnittene Süßkartoffeln; salzen, pfeffern, paprizieren, mit etwas gestoßener Nelke würzen (kann man weglassen) und mit Zucker süßen. Zugedeckt bei mäßigem Feuer gemeinsam bei zeitweiligem Umrühren und, wenn notwendig, bei Zugießen von etwas Wasser alles weich dünsten.

Lammfleisch, mexikanische Art

100 g Zwiebeln
2 Knoblauchzehen
100 g Öl
700 g grobgehacktes Lammfleisch
1—2 Pfefferschoten
je 200 g rote und grüne Paprikaschoten
¼ l Tomatensauce (s. Rezept Seite 122)
Salz
Pfeffer

Die gehackten Zwiebeln und den zerdrückten Knoblauch in erhitztem Öl leicht bräunen. Das Fleisch hinzugeben, salzen, pfeffern und rosig braten. Jetzt die feingehackten Pfefferschoten, in dünne Streifen geschnittene Paprikaschoten unter das Fleisch mischen und kurz dünsten (ca. 6—8 Minuten), dann die Tomatensauce beigießen, mit Salz und Pfeffer abschmecken und bei mäßigem Feuer noch weitere ca. 10—15 Minuten dünsten. Mit Tortillas, Reis oder Kartoffeln servieren.

Variation: Man kann unter das nach vorherigem Rezept zubereitete Gericht noch 500 g geschälte, in dickere Scheiben geschnittene Auberginen geben und alles gemeinsam weich dünsten.

Geflügel

Huhn mit Pilzen

1 Hühnchen (ca. 1,4 kg)
Salz
Pfeffer
120 g Butter
1 Möhre
1 Zwiebel
1 EL Maismehl
ca. $^3/_8$ l Geflügelbrühe
500 g Pilze oder
Champignons
Zitronensaft
2 Eigelb

Das in Stücke geteilte Hühnchen salzen, pfeffern, in erhitzter Butter von allen Seiten anbraten, herausnehmen und warm stellen. Vorbereitete, kleingeschnittene Möhre und feingehackte Zwiebel in dem Bratenfett schäumen, das mit kalter Geflügelbrühe verquirlte Maismehl beigießen und aufkochen lassen. Getrennt in ein wenig Butter die blättrig geschnittenen Pilze kurz dünsten, mit Zitronensaft beträufeln und zu der Möhren-Zwiebel-Mischung geben. Zum Schluß die angebratenen Hühnchenteile hinzugeben und gemeinsam schmoren, bis das Fleisch weich ist. Die Sauce noch mit verquirltem Eigelb verfeinern. Mit Tortillas, Kartoffeln oder Reis servieren.

Hühnerleber mit Paprikaschoten

100 g Zwiebeln
3—4 Knoblauchzehen
80 g Schmalz oder Öl
4 grüne Paprikaschoten
600 g Hühnerleber
ca. 5—6 cl Sojasauce
Zucker
Salz
Pfeffer

Feingehackte Zwiebeln und Knoblauch in erhitztem Fett leicht bräunen, die in dünne Streifen geschnittenen Paprikaschoten hinzugeben, kurz schmoren, dann die Hühnerleber beigeben, die Sojasauce und den Zucker und gemeinsam alles weich dünsten. Zum Schluß noch mit Salz und Pfeffer abschmecken und mit gekochtem Reis servieren.

Chili con Carne

(Abb. S. 80)

Für 6 Personen:

5 EL Öl
1,2 kg gemischtes Hack
½ l Rindfleischbrühe
300 g Zwiebeln
1 große Dose Tomatenmark (155 g)
6 Knoblauchzehen
3—6 getrocknete Chilischoten
500 g Tomaten
2 Dosen rote Bohnen (je Dose 510 g Bohneneinwaage)
Salz
Pfeffer aus der Mühle
Chilipulver

4 EL Öl in einer Pfanne erhitzen, das Hack hineingeben und unter Rühren bräunen, bis es krümelig wird. Dann in einen großen Topf geben und die Brühe dazugießen. In der Pfanne nun in dem restlichen Öl die geschälten und gewürfelten Zwiebeln glasig werden

lassen. Das Tomatenmark zugeben, kurz mitschmoren, dann auch diese Masse in den Topf geben. Mit dem durchgepreßten Knoblauch und den feingeschnittenen Chilischoten würzen. Die Tomaten kurz in kochendes Wasser tauchen, häuten, klein schneiden und ebenfalls in den Topf geben, alles etwa 45 Minuten leise kochen lassen, die Tomaten sollen dabei zerfallen. Die Bohnen auf einem Sieb abtropfen lassen, in den Topf geben und kurz mit erhitzen. Das Chili con Carne nun mit Salz, Pfeffer und Chilipulver scharf abschmecken.

Huhn in Nußsauce

Für die Nußsauce:
100 g Walnüsse oder Cashewnüsse
100 g Haselnüsse
ca. 100 g Semmelbrösel (oder 100 g trockenes Weißbrot)
ca. 1/8 l Milch
1 kleine Zwiebel
2 Knoblauchzehen
1 grüne Pfefferschote
1 EL Tomatenmark
1 Prise Nelkenpulver
1 TL Zimt
100 g Butter
1 Hühnchen (1,4 kg)
Salz
ca. 1/8 l Wasser

Die angegebenen Zutaten für die Sauce in einem Mixer pürieren und dann in 30 g erhitzter Butter ca. 5 Minuten langsam kochen. Das vorbereitete, gesalzene Hühnchen in der restlichen, erhitzten Butter von allen Seiten anbraten, Wasser beigießen und im vorgeheizten Backofen ca. 30 Minuten backen. Dann mit der zubereiteten Nußsauce übergießen und bei zeitweiligem Umdrehen und Begießen das Huhn zart garen. Als Beilage eignen sich Tortillas, Kartoffeln oder Reis und grüner Salat, mit Kürbiskern-Öl angemacht.

Paella

(Abb. S. 81)

¾ Tasse feines Olivenöl
2 Tassen Reis
150 g Zwiebeln, fein gehackt
4 Knoblauchzehen, fein gehackt
2 Paprikaschoten, in Streifen geschnitten
200 g Artischockenherzen (aus der Dose), in Würfel geschnitten
2 Stangen Bleichsellerie, klein geschnitten
200 g gewürfelte, enthäutete Tomaten (Tomaten überbrühen und die Haut abziehen)
8 Hummerkrabben
4 Nürnberger Bratwürstchen
2 mittelgroße Schweinekoteletts, in Würfel geschnitten
600 g Huhn (4 Keulen)
150 g frischer Tintenfisch (Calamares), in Ringe geschnitten
80 g grüne Erbsen (gefroren)
6 grüne Oliven
6 schwarze Oliven
4 Tassen Hühnerbrühe
150 g Herzmuscheln (aus der Dose) oder Miesmuscheln, frisch
½ TL Safran

Die Zubereitung dieser Paella ist nicht original mexikanisch, da sie für den deutschen Geschmack zu ölig und zu klebrig sein würde:

In einem Topf, der 4 l faßt, das Öl erhitzen, den Reis hineingeben und stark erhitzen. Die Zwiebel, den Knoblauch, 2 TL Salz und 1 Msp Cayennepfeffer hineingeben. Auf einer anderen Herdplatte inzwischen die Hühnerbrühe zum Kochen bringen, mit Safran würzen und den Reis zufügen. Sofort zudecken, die Hitze auf ein Minimum reduzieren und den Reis ca. 20 Minuten garen.

In einer Pfanne die Hühnerkeulen, die Bratwürste und

die Koteletts braten. In einer weiteren Bratpfanne die Hummerkrabben anbraten.
Nachdem der Reis 10 Minuten geköchelt hat, Tomaten, Artischocken, Herzmuscheln, Erbsen, Paprikastreifen, Sellerie und Oliven beigeben. Den Reis noch einmal kräftig umrühren und weitere 10 Minuten ziehen lassen.
Den fertigen Reis leicht in eine Paella-Pfanne für 4 Personen drücken und nach Wunsch dekorieren. Die zugedeckte Pfanne in den Ofen schieben und die Paella bei 120°C ca. 20 Minuten backen. Faustregel: Sobald der Reis anfängt, am Pfannenrand zu bräunen, ist die Paella fertig.

Gefüllte Hühnerbrüste

200 g Schinken
300 g mageres Schweinefleisch
Salz
Pfeffer
enthäutete Hühnerbrüste
starke Rindfleischbrühe
30 g Schmalz
1 kleine Zwiebel
$\frac{1}{10}$ l trockener Sherry
2 Eigelb
1 EL Stärkemehl

Den feingehackten Schinken mit dem zweimal in der Fleischmaschine gemahlenen Schweinefleisch vermischen, salzen und pfeffern. Mit einem spitzen Messer in die Hühnerbrüste Taschen schneiden, mit der zubereiteten Fleischmasse füllen, mit Fleischnadeln zusammenhalten und in der Brühe weich dünsten. Feingehackte Zwiebel in erhitztem Schmalz leicht bräunen, mit Sherry aufgießen und zu der Brühe gießen. Verquirlte Eier mit etwas Wasser und Stärkemehl verrühren und die Brühe bei ununterbrochenem Rühren verdicken und bei sehr mäßigem Feuer noch kurz kochen. Mit gekochtem Reis und Zucchinigemüse servieren.

Truthahn in grüner Sauce

ca. 100 g Kürbiskerne
100 g Mandeln
100 g Walnüsse
1 Pfefferschote
1 grüne Paprikaschote
ca. 300 g grüne Tomaten (Dose)
60 g Zwiebeln
1 Knoblauchzehe
2 EL frischer, feingehackter Koriander oder Petersilie
ca. ¼ l Truthahnbrühe
60 g Öl
1 kg gekochtes, enthäutetes, entbeintes Truthahnfleisch
Petersilie zum Garnieren

Kürbiskerne, Mandeln, Walnüsse, Pfeffer- und Paprikaschote, Tomaten, Zwiebeln, Knoblauch, Koriander oder Petersilie mit der Brühe im Mixer pürieren, in erhitztem Öl schmoren, das Truthahnfleisch hinzugeben und ca. 10 Minuten bei mäßigem Feuer köcheln. Auf einer vorgewärmten Platte anrichten, mit Petersilie garnieren und mit gebackenen, heißen Tortillas oder Maisbrei und Kürbiskompott servieren.

Hühnchen mit Tomaten

1 Hühnchen, ca. 1,4 kg
Salz
Pfeffer
120 g Butter
100 g Zwiebeln
ca. ½ l starke Hühnerbrühe
500 g Tomaten
1 TL Thymian
süßer Paprika
ca. ⅛ l Rotwein

Das vorbereitete Hühnchen in Portionen schneiden, salzen, pfeffern und in erhitzter Butter von allen Seiten anbraten. Das angebratene Fleisch aus der Pfanne nehmen, in dem Bratenfett die feingehackten Zwiebeln schäumen, Hühnerbrühe beigießen, enthäutete Tomatenviertel und Thymian hinzugeben sowie reichlich Paprika und kurz dünsten. Dann das Hühnerfleisch zu den Tomaten geben, den Rotwein beigießen und das Fleisch weich dünsten. Mit Reis auf mexikanische Art zubereitet servieren.

Hühnerbrust nach mexikanischer Art

1 mittelgroße Zwiebel
2 Karotten
100 g Butter
600 g enthäutete, entbeinte Hühnerbrust
Salz
Pfeffer
süßer Paprika
2 Tomaten
1/10 l Weißwein
Hühnerbrühe
150 g geschälte Mandeln
30 g Butter
1/4 l süße Sahne
Cayennepfeffer

Feingehackte Zwiebeln und in kleine Würfel geschnittene Karotten in erhitzter Butter kurz dünsten. Die Hühnerbrust darauflegen, salzen, pfeffern, mit etwas zerlassener Butter und Weißwein übergießen und im vorgeheizten Backofen backen. Nach 30 Minuten mit Paprika bestreuen, enthäutete, entkernte, in kleine Würfel geschnittene Tomaten hinzugeben und bei zeitweiligem Übergießen mit eigenem Saft oder Brühe weich backen. Feingehackte Mandeln in 30 g Butter leicht bräunen, bei ununterbrochenem Rühren Sahne zugießen und aufkochen lassen. Die Sauce noch mit Cayennepfeffer abschmecken und die gebackene Hühnerbrust übergießen. Mit Reis und gelbem rohen Paprika-Salat servieren.

Hühnchen mit Knoblauch

1 Hühnchen, ca. 1,4 kg
5—6 Knoblauchzehen
Salz
Mehl
Pfeffer
süßer Paprika
ca. 80 g Butter oder Öl
¼ l starke Hühnerbrühe
geriebene Zitronenschale (ungespritzt)

Knoblauch mit Salz zu einer feinen Paste zerdrücken und damit sowie der Zitronenschale das Hühnchen bestreichen. Das so zubereitete Hühnchen in einer Mischung aus Mehl, Pfeffer und Paprika wälzen und in erhitzter Butter oder Öl von allen Seiten anbraten, ein wenig Brühe beigießen und bei zeitweiligem Umdrehen und Übergießen mit eigenem Saft oder Brühe weich dünsten. Mit gekochten Kartoffeln und gedünstetem Gemüse servieren.

Huhn mit Champignons

1 Hühnchen (ca. 1,4 kg)
Salz
Pfeffer
40 g Mehl
40 g Butter
1 TL Curry
¼ l Milch
ca. 30 g Butter für die Form
ca. 500 g Champignons
60 g geriebener Käse
4 Eier
ca. 80 g Semmelbrösel

Das Hühnchen in ca. 1 l gesalzenem, mit Pfeffer gewürztem Wasser weich kochen, herausnehmen, enthäuten, entbeinen und in kleine Stücke schneiden. Aus Mehl und Butter eine goldgelbe Einbrenne bereiten, mit Curry würzen, mit Milch und etwas gesiebter

Geflügelbrühe aufgießen und gut aufkochen (ca. 15 Minuten). In einer gebutterten Form das Fleisch anrichten, mit der zubereiteten Sauce übergießen, darauf die blättrig geschnittenen Champignons legen, mit Käse bestreuen, mit den verquirlten Eiern übergießen, salzen und mit Semmelbröseln bestreuen. So zubereitet im vorgeheizten Backofen bei mäßigem Feuer überbacken (20—25 Minuten).
Mit Reis oder gekochten Kartoffeln servieren.

Truthahn, mariniert, gebacken

Für 6 Personen:

1 Truthahn von ca. 3 kg (Baby-Pute)

Für die Marinade:
100 g Zwiebeln
6 Knoblauchzehen
3 Nelken
6 Pfefferkörner
3 Lorbeerblätter
Salz
ca. ½ l Weißwein
ca. 1/10 l Öl zum Braten
200 g Tomaten
gestoßener Zimt oder 1 TL gehackte Ingwerpflaumen bzw. 2 EL geriebener frischer Ingwer

Den Truthahn in Portionen schneiden, salzen, mit gehackten Zwiebeln und Knoblauch bestreuen, Nelken, Pfefferkörner und Lorbeerblätter hinzugeben, mit Wein übergießen und bei zeitweiligem Umdrehen ca. 6 Stunden marinieren. Den Truthahn abtrocknen, in erhitztem Öl von allen Seiten anbraten, mit einem Teil der Marinade übergießen, die geschnittenen Tomaten, Zimt oder Ingwer beifügen und im vorgeheizten Backofen bei zeitweiligem Übergießen mit eigenem Saft und Marinade weich backen (ca. 2½—3 Stunden). Mit Reis servieren.

Gefüllter Truthahn

Für 6—8 Personen:

1 Truthahn, ca. 3 kg (Baby-Pute)
300 g Semmeln
3/10 l Milch
300 g gekochter Schinken
Truthahnleber
gekochter Truthahnmagen
250 g Butter
4 Eigelb
2 EL feingehackte Petersilie
100 g Zwiebeln
3—4 Knoblauchzehen
Salz
Pfeffer
von 4 Eiweiß fester Schnee
Cayennepfeffer
Truthahnbrühe

Den vorbereiteten Truthahn gut abtrocknen, innen und außen salzen, pfeffern und ca. 1 Stunde ziehen lassen. Die in kleine Würfel geschnittenen Semmeln mit Milch anfeuchten, den Schinken, Truthahnleber und -magen in kleine Würfel schneiden. 125 g Butter mit dem Eigelb schaumig rühren, nach und nach die angefeuchteten Semmeln, Schinken, Leber, Magen, gehackte Petersilie und Zwiebeln sowie zerdrückten Knoblauch, Salz und Pfeffer und zum Schluß leicht den Eischnee daruntermischen. Mit der Füllung werden nunmehr Hals und Bauch gefüllt und die Öffnungen anschließend mit Garn zugenäht. Den Truthahn mit Cayennepfeffer leicht bestreuen, mit zerlassener Butter bestreichen und in eine Pfanne legen, kochende Truthahnbrühe beigießen und zugedeckt im vorgeheizten Backofen bei mäßigem Feuer und zeitweiligem Umdrehen und Übergießen mit eigenem Saft oder Brühe 2½—3 Stunden backen. Mit gekochten Kartoffeln oder Reis und rohen Gemüsesalaten oder Kompott servieren.

Variation: 300 g in kleine Würfel geschnittene Semmeln in $^{3}/_{10}$ l Milch eingeweicht, 300 g Bratwurstfülle, in kleine Würfel geschnittene Truthahnleber und gekochter Truthahnmagen, 300 g gekochter, in kleine Würfel geschnittener Schinken, 1 gehackter Stangensellerie, 3—4 zerdrückte Knoblauchzehen, 100 g gehackte Schalotten und 125 g Butter, Salz, Pfeffer. Alle Zutaten gut vermischen und den Truthahn wie im Rezept angegeben füllen. Mit Kürbis-Chutney und Reis servieren.

Täubchen nach mexikanischer Art

4 Täubchen
80 g Zwiebeln
2 Nelken
6 Pfefferkörner
Salz
$^{1}/_{4}$ l Weißwein
$^{1}/_{4}$ l Wasser
ca. 150 g geriebene Mandeln
60—80 g Butter
200 g gekochter Schinken
2 hartgekochte Eigelb
400 g gekochte grüne Erbsen
$^{1}/_{10}$ l Sherry

Die Täubchen mit Zwiebeln, Nelken, Pfefferkörnern und etwas Salz in mit Weißwein vermischtem Wasser weich kochen, herausnehmen und die Brühe sieben. Die Mandeln in erhitzter Butter kurz rösten, in kleine Würfel geschnittenen Schinken und die gekochten Täubchen hinzugeben und von allen Seiten braun braten. Dann zerdrückte Eigelb beigeben, ca. $^{1}/_{4}$ l Brühe beigießen, die Erbsen und Sherry hinzufügen, alles gut vermischen und noch kurz aufkochen lassen. Mit Reis servieren.

Truthahnfleischtopf

Für 6 Personen:

1 Truthahn von ca. 3 kg (Baby-Pute)
1 TL Salz
1 TL süßer Paprika
5—6 zerdrückte Knoblauchzehen
ca. 1/10 l Essig
60 g Butter
60 g Öl
2 Lorbeerblätter
100 g Zwiebeln
200 g grüne Paprikaschoten
100 g entkernte Oliven
3/4 l starke Geflügelbrühe
1 EL Kapern

Salz, Pfeffer und zerdrückten Knoblauch gut vermischen, den in Portionen geschnittenen Truthahn damit bestreichen, mit Essig betropfen und ca. 3—4 Stunden marinieren lassen. Feingehackte Zwiebeln in erhitzter Butter mit Öl leicht bräunen, den Truthahn hinzugeben, von allen Seiten anbraten, Brühe beigießen und zugedeckt bei mäßigem Feuer ca. 2 Stunden kochen. Dann in Streifen geschnittene Paprikaschoten, in Scheibchen geschnittene Oliven und gehackte Kapern beigegeben und noch 10 Minuten kochen. Mit Reis servieren.

Huhn mit Reis, Garnelen und Krabben

Für 6 Personen:

1 Huhn (ca. 2 kg)
2 l Wasser
Salz
10 Pfefferkörner
2 Lauchstangen
2 Petersilienzweige
1 Lorbeerblatt
Reis auf mexikanische Art (s. Rezept Seite 176)
150 g gekochte Garnelen
150 g gekochtes Krabbenfleisch
150 g gekochter Schinken
Cayennepfeffer
gestoßener Koriander
Muskatnuß
Kreuzkümmel
ca. 150 g gehackte Erdnüsse oder Erdnußpaste

Das Huhn in gesalzenem Wasser mit Pfefferkörnern, in Scheiben geschnittenem Lauch, Petersilie und Lorbeerblatt weich kochen, herausnehmen, enthäuten, entbeinen und in dünne Streifen schneiden. Die Brühe sieben und für die Zubereitung von Reis verwenden. Unter den zubereiteten Reis das Hühnerfleisch mischen, gehackte Garnelen, Krabbenfleisch und Schinken zugeben, mit Cayennepfeffer, Koriander, Muskatnuß und Kreuzkümmel würzen, eventuell noch salzen, ca. ⅛ l Geflügelbrühe beigießen und bei mäßigem Feuer und zeitweiligem Umrühren erhitzen. Zum Schluß die Erdnüsse unter die Speise mischen und mit Chilisauce und gehackten Gurken oder Tomaten- oder Kürbis-Chutney servieren.

Pollo en Mole Poblano

(mexikanisches Huhn)

(Abb. S. 160)

Für 4—6 Personen:

6 Hühnerkeulen
Salz
6 EL Olivenöl
400 g Tomaten
4 große Zwiebeln
4 Knoblauchzehen
3 EL Hühnerbrühe
1 Glas Mole (260 g, pikante Sauce mit Kakao)
schwarzer Pfeffer aus der Mühle

Den Backofen auf 225 °C (Gas: Stufe 4) vorheizen. Die Hühnerkeulen salzen, mit dem Olivenöl in die Saftpfanne des Backofens geben. In den vorgeheizten Ofen, mittlere Einschubleiste, schieben. Die Tomaten brühen, abziehen, entkernen und in kleine Würfel schneiden. Die Zwiebeln pellen und fein würfeln. Die Knoblauchzehen pellen und durchpressen, mit den Tomaten- und Zwiebelwürfeln mischen. Die Mischung nach 25 Minuten Bratzeit auf die Hühnerkeulen geben, mitschmoren lassen. Die Hühnersuppenbrühe mit ¼ l lauwarmem Wasser verrühren und mit der Mole mischen, nach weiteren 15 Minuten Schmorzeit auf die Hühnerkeulen geben und für weitere 5—8 Minuten in den Ofen schieben. Dann die Keulen auf einer vorgewärmten Platte anrichten. Die Sauce in der Saftpfanne gut verrühren, mit schwarzem Pfeffer würzen und über die Keulen geben.

Rebhühner in Schokoladensauce

4 Rebhühner
Salz
ca. 1 l Wasser
Mehl
Öl zum Braten
Schokoladensauce
(s. Rezept Seite 121)
geröstete, grobgehackte Erdnüsse oder Haselnüsse zum Bestreuen

Die halbierten Rebhühner in gesalzenem Wasser weich kochen, gut getrocknet in Mehl tauchen und in erhitztem Öl von allen Seiten goldfarben braten und in eine trockene Pfanne legen. Aus der gesiebten Rebhühnerbrühe eine Schokoladensauce bereiten (Zutaten und Zubereitung siehe Seite 121), die Rebhühner in der Pfanne übergießen und zugedeckt ca. 15—20 Minuten köcheln. Die Rebhühner auf einer vorgewärmten Platte anrichten, mit der Schokoladensauce übergießen und mit den Nüssen bestreuen.
Mit gedünstetem Reis und gebratenen Bananen servieren.

Fische

Makrelen, mariniert

(Acapulco-Fisch)

800 g Makrelen
Salz
Saft von 6 Zitronen
300 g Tomaten
1 EL feingehackte Petersilie
1 EL feingehackter Schnittlauch
ca. 100 g Zwiebeln
4 EL Öl
Salz
Pfeffer
Cayennepfeffer

Die entgräteten, enthäuteten Makrelen salzen, in kleine Stücke schneiden, mit Zitronensaft begießen und ca. 12 Stunden marinieren. Dann den Saft abgießen. Die enthäuteten, in kleine Stücke geschnittenen Tomaten in eine Porzellanschüssel geben, mit Petersilie und Schnittlauch bestreuen, mit in feine Ringe geschnittenen Zwiebeln belegen, salzen, pfeffern, mit Cayennepfeffer würzen, mit den marinierten Fischen bedekken, mit Öl übergießen und mit Tortillas und Wein servieren.

Eingelegter Fisch

800 g Fischfilet
80 g Butter

Für die Marinade:
1 feingehackte grüne Paprikaschote
100 g Schalotten
1 mit Salz zerdrückte Knoblauchzehe
Saft und geriebene Schale von 1 großen, ungespritzten Orange
1/10 l Öl
3 EL Essig
Salz
Pfeffer
2 Lorbeerblätter

Das Fischfilet in erhitzter Butter von beiden Seiten goldfarben braten, vorsichtig in eine Glas- oder Porzellanschüssel legen und mit der aus den angegebenen Zutaten bereiteten Marinade übergießen. Den Fisch kalt stellen und bei zeitweiligem Übergießen mit der Marinade 12 Stunden ziehen lassen. Dazu heißes Stangenbrot oder Toast mit Butter/Knoblauch bestrichen.

Fisch von Patzcuaro

800 g Fischfilet
Salz
Pfeffer
Saft von 2 Zitronen
ca. 100 g Mehl
3 verquirlte Eier
Öl zum Braten
500 g Zwiebeln
50 g Öl
5 EL Essig
Salz
Pfeffer
8 Pfefferkörner
1/4 TL Rosmarin

Das Fischfilet salzen, pfeffern, mit Zitronensaft reichlich betropfen, in Mehl und verquirlten Eiern wenden und in erhitztem Öl von beiden Seiten goldfarben braten.

Die in Ringe geschnittenen Zwiebeln mit Öl, Essig und Pfefferkörnern und Rosmarin in gesalzenem Wasser glasig werden lassen, herausnehmen, abtropfen und erkalten lassen. Damit den Fisch garnieren und mit Kopfsalat und Kartoffelbrei servieren.

Fischfilets, mariniert

800 g gekochtes Fischfilet
Saft von 6 Zitronen
$^1/_{10}$ l Ketchup
$^1/_8$ l Tomatensaft
2 EL Öl
3 EL Essig
100 g Zwiebeln
4 eingelegte Pfefferschoten
100 g entkernte Oliven
Salz
Pfeffer
Oregano
1 EL feingehackte Petersilie
frischer Koriander oder Estragon

Die Fischfilets mit Zitronensaft übergießen und über Nacht marinieren lassen. Das Filet dann in Würfel schneiden, in die Zitronenmarinade legen, Ketchup, Tomatensaft, Öl, Essig, feingehackte Zwiebeln, Pfefferschoten und Oliven hinzugeben, salzen, pfeffern, mit 1 Prise Oregano würzen und mit Petersilie, Koriander oder Estragon bestreuen. Gekühlt mit Tortillas servieren.

Variation: Auf die gleiche Art werden 500 g rohe Krabben zubereitet.

Fischtopf

80 g Zwiebeln
2—3 Knoblauchzehen
2 grüne Paprikaschoten
2 Tomaten
60 g Butter
Salz
Safran
Cayennepfeffer
Fischbrühe oder Wasser
400 g gekochte Kartoffeln
600 g Fischfilet
2 Stangen Sellerie oder Lauch

In dünne Scheiben geschnittene Zwiebeln und zerdrückten Knoblauch mit feingeschnittenen Paprikaschoten, Tomaten, Sellerie oder Lauch in erhitzter Butter kurz schmoren, salzen, mit 1 Prise Safran und Cayennepfeffer würzen und bei mäßigem Feuer zugedeckt in der Brühe dünsten (ca. 30 Minuten). Dann die in Würfel geschnittenen Kartoffeln und Fischfilet hinzugeben und noch weitere 10—15 Minuten schmoren.

Gefüllte Seezungen

20 g Maismehl
80 g Butter
⅛ l starke Geflügelbrühe
⅛ l süße Sahne
200 g Pilze oder Champignons
16 gekochte Muscheln
8 Seezungenfilets
Butter für die Pfanne (ca. 30 g)
2 EL feingehackte Petersilie oder 1 EL frischer Estragon

Maismehl, Butter, Brühe und Sahne vermischen und gut aufkochen lassen. Die Sauce salzen, pfeffern und mit Zitronensaft abschmecken. Vorbereitete, kleingeschnittene Pilze oder Champignons in der restlichen Butter dünsten, vom Feuer nehmen und mit den Muscheln und der Hälfte der Sauce vermischen. Die Seezungenfilets salzen, pfeffern, mit der zubereiteten Füllung bestreichen, zusammenrollen und mit einem Spießchen festmachen. So zubereitet in einer gebutterten Pfanne anrichten, mit der restlichen Sauce übergießen und im vorgeheizten Backofen bei mäßiger Hitze rosig backen (ca. 15—20 Minuten). Auf einer vorgewärmten Platte angerichtet mit Petersilie und/ oder Estragon bestreuen und mit gekochtem Reis und frischen Erbsen servieren.

Rotbarsch à la Veracruz

100 g Zwiebeln
80 g Öl
100 g Tomatenmark
Salz
Cayennepfeffer
800 g Rotbarschfilet
1 EL Kapern
100 g mit Paprika gefüllte Oliven
4 eingelegte rote Paprikaschoten
Zitronenscheiben und Petersilie zum Garnieren

Die in Scheiben geschnittenen Zwiebeln in erhitztem Öl glasig werden lassen, Tomatenmark hinzugeben, salzen, pfeffern und bei mäßiger Hitze kurz kochen. Dann das Fischfilet hinzugeben, Kapern, Oliven und in Streifen geschnittene Paprikaschoten und gemeinsam weich kochen (ca. 10 Minuten). Auf einer vorgewärmten Platte angerichtet mit Zitronenscheiben und Petersilienzweigen servieren. Als Beilage eignet sich Kartoffel-Salat.

Fisch in Orangensaft

800 g Fischfilet
2 EL feingehackte Petersilie
4 Knoblauchzehen
Salz
1/10 l Öl
Saft von 2 Zitronen
Pfeffer
ca. 120 g Semmelbrösel
1/4 l Orangensaft

Die feingehackte Petersilie und mit Salz zerdrückten Knoblauch und Öl gut vermischen. Das Fischfilet mit Zitronensaft gut betropfen, pfeffern, mit der Petersilien-Knoblauch-Mischung bestreichen, dann in Semmelbröseln panieren und in einer Pfanne angerichtet mit Orangensaft übergießen. Zugedeckt weich dünsten. Dazu passen Kartoffeln und Avocado-Salat.

Steinbutt (Scholle) in Chilisauce

800 g Steinbutt
Salz
Pfefferkörner
1 Zwiebel
3/8 l rote Chilisauce
(s. Rezept Seite 122)
in Scheiben geschnittene Tomaten
feingeraspelte grüne Paprika zum Garnieren

Den enthäuteten, entgräteten Fisch mit Salz und Pfefferkörnern sowie mit der Zwiebel in Wasser bei mäßigem Feuer weich kochen (ca. 10 Minuten), vorsichtig herausnehmen, auf einer heißen Platte anrichten und mit heißer Chilisauce übergießen. Die Platte noch mit Tomatenscheiben und Paprika garnieren und mit gekochten Kartoffeln als Beilage servieren.

Fischfilets, gefüllt

Für die Gewürzbrühe:
1 Zwiebel
2—3 Nelken
½ TL Basilikum
1 Lorbeerblatt
Salz
Pfeffer
ca. 5 cl Orangenlikör
ca. ½ l Wasser

8 Fischfilets à 150 g

Für die Füllung:
ca. 2/10 l süße Sahne oder Milch
100 g geriebener Käse
300 g Nüsse oder Mandeln
ca. 300 g gekochtes Krabbenfleisch
ca. 5 cl Rum
Salz
Pfeffer
Zimt
Estragon
geriebene Orangenschale
ca. 60 g Butter für die Pfanne
100 g Semmelbrösel zum Bestreuen

Aus den in Scheiben geschnittenen Zwiebeln, Nelken, Basilikum, 1 Prise Salz und Pfeffer, Orangensaft und Wasser eine Gewürzbrühe aufkochen, die Fischfilets hineinlegen und bei sehr mäßigem Feuer langsam weich kochen. Die Fischfilets vorsichtig herausnehmen, gut abtropfen lassen, die Hälfte der Fischscheiben in eine gebutterte Pfanne legen, mit der zubereiteten Füllung bedecken, mit der zweiten Hälfte der Fischscheiben bedecken, mit Semmelbröseln bestreuen und im vorgeheizten Backofen überbacken (bei 200°C ca. 30 Minuten).
Füllung: Sahne mit Käse und Nüssen oder Mandeln verrühren, das Krabbenfleisch daruntermischen, mit Rum, Salz, Pfeffer, gestoßenem Zimt, Estragon oder Orangenschale würzen. Als Beilage eignen sich Tortillas, Reis oder Kartoffeln und Spinat.

Tintenfisch, gefüllt

8 Tintenfische

Für die Füllung:
ca. 250 g frische Brotkrumen
50 g Rosinen
40 g geriebener Käse
2 durchgepreßte, hartgekochte Eigelb
2 Sardellenfilets
Salz
Pfeffer
40 g Butter für die Füllung

40 g Butter für die Pfanne
ca. 3/8 l Tomatensauce (s. Rezept Seite 122)

Die Tentakel der Tintenfische abschneiden und fein hacken, die Tintenbeutel und Rückenknorpel entfernen. Gehackte Tentakel mit Brotkrumen, Rosinen, Käse, durchgepreßtem Eigelb und Sardellen, Salz, Pfeffer und Butter gut vermischen. Mit der so zubereiteten Füllung die Tintenfische füllen, in eine gebutterte Pfanne geben, bei mäßigem Feuer dünsten (ca. 30 Minuten), dann mit der Tomatensauce übergießen und noch weitere 15 Minuten dünsten. Mit Reis, gekochten Kartoffeln oder Maisbrei mit Erbsen servieren.

Tintenfisch in eigener Tinte

1 kg Tintenfisch
4 Knoblauchzehen
2 Lorbeerblätter
10 Pfefferkörner
Salz
Tomatensauce (s. Rezept Seite 122)
Oliven zum Garnieren

Bevor man den Tintenbeutel entfernt, die Tinte in eine Schüssel abfließen lassen und aufbewahren, dann erst den Beutel und den Rückenknorpel entfernen. Den gesäuberten Tintenfisch in Salzwasser gründlich waschen, in kleine Stücke schneiden und in gesalzenem Wasser mit Knoblauch, Lorbeerblättern, Pfefferkörnern und etwas Salz weich kochen. Den weichgekochten Tintenfisch in Tomatensauce legen, die Tinte beigießen und kochen, bis die Sauce zur Hälfte reduziert, d. h. verdampft ist. Auf einer vorgewärmten Platte angerichtet mit Reis umlegen und mit Oliven garnieren. Dazu Kopfsalat reichen.

Tintenfisch nach Seemannsart

ca. 1 kg Tintenfisch (8 Stück)
Saft von 2 Zitronen
½ l Rotwein
100 g Zwiebeln
3 Knoblauchzehen
6 grüne Paprikaschoten
Salz
Thymian
2 Lorbeerblätter
⅛ l Öl
Tomatensauce (s. Rezept Seite 122)
Majoran
Petersilie

Den vorbereiteten Tintenfisch in Stücke schneiden, mit Zitronensaft und Rotwein übergießen und ca. 2 Stunden kalt marinieren lassen. Feingehackte Zwiebeln und Knoblauch in erhitztem Öl leicht bräunen, die in Streifen geschnittenen Paprikaschoten und den marinierten Tintenfisch hinzugeben und etwas Marinade beigießen, dann auf sehr mäßigem Feuer köcheln. Wenn die Marinade verbraucht ist, die Tomatensauce beigießen, mit Thymian, Majoran und Petersilie würzen, aufkochen und servieren.

Beilage: Gekochte Kartoffeln, Reis.

Fisch mit Paprikaschoten

800 g Fisch (Kabeljau, Rotbarsch, Seezunge u. ä.)
500 g grüne Paprikaschoten
100 g Zwiebeln
4—5 Knoblauchzehen
$^1/_{10}$ l Öl
2 Eigelb
Salz
Cayennepfeffer

In kleine Stücke geschnittene Paprikaschoten mit kleingeschnittenen Zwiebeln und etwas Wasser im Mixer pürieren. Feingeschnittenen Knoblauch in erhitztem Öl leicht bräunen und herausnehmen. Jetzt die pürierten Paprikaschoten mit Zwiebeln in das Öl geben, etwas Wasser zugießen, salzen, mit Cayennepfeffer würzen und aufkochen lassen, die Eigelb daruntermischen. Den getrennt in Salzwasser gekochten Fisch mit der Sauce übergießen. Tortillas oder Kartoffeln und Tomatensalat dazu reichen.

Gefüllter Fisch, gebacken

800 g Fischfilets (Flunder, Rotbarsch, Seezunge o. ä.)
100 g Zwiebeln
50 g Butter
250—300 g frische Brotkrumen
4 Eigelb
$^1/_{10}$ l süße Sahne
$^1/_{10}$ l Sherry
Salz
Pfeffer
Nelken oder Muskatnuß
40 g Butter für die Pfanne

Die feingehackten Zwiebeln in erhitzter Butter leicht bräunen, Brotkrumen, Eigelb, Sahne und Sherry hinzugeben, salzen, pfeffern, mit gestoßener Muskatnuß würzen und alles gut vermischen. Mit der so zubereiteten Mischung das Filet gleichmäßig bestreichen, jedes Filet zusammenrollen, mit einem Spießchen festmachen und in eine gut gebutterte Pfanne stellen. Die Oberfläche der Filets noch mit Salz und Pfeffer würzen, mit dem restlichen Sherry betropfen und im vorgeheizten Backofen bei 200°C 20—25 Minuten backen bei zeitweiligem Übergießen mit eigenem Saft. Mit gekochten Kartoffeln, Auberginen und Tomaten servieren.

Seezungenfilets in Weinsauce

800 g Seezungenfilets
Salz
Pfeffer
1 TL Estragon
80 g Butter
3/8 l trockener Weißwein
200 g gekochte Pilze (Champignons)
30 g Mehl
1 Eigelb
1/8 l süße Sahne
Saft von 1/2 Zitrone
200 g gekochte Garnelen

Seezungenfilets salzen, pfeffern und in erhitzter Butter mit etwas Wein übergossen zugedeckt kurz dünsten (8 Minuten), herausnehmen und warm stellen. Die Sauce mit dem restlichen Wein und dem darin verquirlten Mehl verdicken, gut aufkochen lassen, dann mit Sahne verquirltes Eigelb daruntermischen, mit Zitronensaft, Estragon, Salz und Pfeffer abschmecken. In die so zubereitete Sauce die Seezungenfilets legen sowie die Garnelen und im vorgeheizten Backofen bei mäßigem Feuer kurz überbacken (ca. 7—8 Minuten). Mit gekochten Kartoffeln oder Reis servieren. Dazu Avocado-Salat oder Orangen-Salat.

Thunfisch in Tomatensauce

1 kg Thunfisch (Makrelen, Fischfilet o. ä.)
Salz
Pfeffer
Öl zum Braten
100 g Semmelbrösel
$^1/_{10}$ l herber Weißwein
ca. $^1/_2$ l Tomatensauce (s. Rezept Seite 122)
$^1/_2$—1 EL Zucker
süßer Paprika
feingehackte Petersilie

Den Thunfisch salzen, pfeffern, in erhitztem Öl von beiden Seiten schnell braten und warm stellen. In dem Bratenfett die Semmelbrösel bräunen, Weißwein, Tomatensauce, Zucker und Paprika hinzugeben, gut aufkochen, die Sauce sieben und den gebratenen Fisch hinzugeben. Im vorgeheizten Backofen aufgedeckt ca. 10 Minuten backen und auf einer vorgewärmten Platte angerichtet mit der Sauce übergießen und mit Petersilie bestreuen.

Thunfisch mit Ananas

800 g Thunfisch (4 Scheiben)
Salz
2 Chilischoten (getrocknete)
Cayennepfeffer
235 g Ananas (kleine Dose) in Scheiben
$^1/_2$ l herber Weißwein
2—3 EL Gustin (Maisstärke)
$^1/_8$ l Ananassaft
Sesamöl

4 EL Öl in der Pfanne erhitzen, Chilischoten leicht anbräunen, herausnehmen. Fischscheiben kurz anbraten, mit Ananasscheiben belegen, $^1/_2$ l Weißwein dazugießen, 10 Minuten dünsten, herausnehmen und warm

stellen. Ananassaft mit Gustin verquirlen, in die Sauce gießen und kurz kochen. Mit Salz und eventuell Cayennepfeffer würzen. Fischscheiben und Ananas in die Sauce legen, heiß werden lassen. Mit Reis servieren. Dazu gebackene Bananen.

Fisch in Obstsauce

100 g Zwiebeln
60 g Öl
100 g entkernte Oliven
2 rote Paprikaschoten
Salz
Pfeffer
Koriander
ca. ¼ l Orangen-, Maracuja- oder Ananassaft
Saft von 2 Zitronen
800 g Fisch oder Fischfilet
60 g Butter
4 hartgekochte Eier

Feingehackte Zwiebeln in erhitztem Öl schäumen, geschnittene Oliven, in dünne Streifen geschnittene oder gehackte Paprikaschoten hinzugeben, salzen, pfeffern, mit frischem oder getrocknetem feingehackten Koriander würzen, Orangen- und Zitronensaft beigießen und gut aufkochen lassen. Die Fische oder Fischfilet in erhitzter Butter in die Pfanne legen, mit der zubereiteten Sauce übergießen und im vorgeheizten Backofen bei mäßigem Feuer und zeitweiligem Übergießen mit der Sauce weich dünsten (ca. 15 Minuten). Auf einer vorgewärmten Platte angerichtet mit feingehacktem Ei bestreuen und heiß servieren. Dazu passen Tortillas oder Reis und Möhren.

Fischfilet in Rotweinsauce

1 kg Fischfilet (Rotbarsch, Kabeljau, Schellfisch, Seezunge)
Saft von 2 Zitronen
40 g Butter
100 g Zwiebeln
20 g Maismehl
ca. ¼ l Rotwein
geriebene Schale von ½ Zitrone und Orange
1 TL Zucker
Salz
Pfeffer

Das Fischfilet mit Zitronensaft betropfen, salzen und ca. 2 Stunden marinieren lassen. Aus Butter, geriebenen Zwiebeln, Maismehl und Rotwein eine Brühe kochen, geriebene Zitronen- und Orangenschalen hinzugeben, mit Zucker, Salz und Pfeffer abschmecken und gut aufkochen lassen. In die so zubereitete Sauce das Fischfilet geben und bei mäßigem Feuer weich dünsten. Mit gekochten Kartoffeln servieren. Dazu Kopfsalat mit Spinat.

Fischklößchen

750 g gekochter, enthäuteter und entgräteter See- oder Süßwasserfisch
1 EL feingehackte Petersilie
1 EL frischer Estragon
ca. 150 g Semmelbrösel
4 Eier
2—3 Knoblauchzehen
30 g geriebener Käse
Salz
Mehl
Pfeffer
Öl zum Braten
Tomatensauce (s. Rezept Seite 122)

Das in kleine Stücke geschnittene Fischfleisch mit Petersilie, Semmelbröseln, verquirlten Eiern, zerdrücktem Knoblauch und Käse gut vermischen, salzen, pfeffern. Aus der Masse kleine, walnußgroße Klößchen formen, in Mehl wälzen und in erhitztem Öl goldfarben braten. Dann auf einer vorgewärmten Platte angerichtet mit der Tomatensauce übergießen und mit Kartoffeln oder Reis servieren. Dazu grünen Bohnen-Salat reichen.

Fisch mit Krabben und Muscheln

100 g Zwiebeln
2 Knoblauchzehen
100 g Öl
500 g Tomaten
1 EL feingehackte Petersilie
1 TL Rosmarin
Salz
Pfeffer
¼ l Weißwein
800 g Fischfilet (Kabeljau oder Barsch)
ca. ½ l starke Fischbrühe
200 g gekochtes Krabbenfleisch
200 g gekochte Muscheln
4 cl Cognac

Feingehackte Zwiebeln und Knoblauch in erhitztem Öl schäumen. Die enthäuteten, kleingeschnittenen Tomaten, Rosmarin und Petersilie hinzugeben, salzen, pfeffern, den Weißwein beigießen und alles gemeinsam ca. 15 Minuten dünsten. Dann das in Stücke geschnittene Fischfleisch untermischen, mit Fischbrühe auffüllen und weitere 20 Minuten bei mäßigem Feuer kochen. Zum Schluß das Krabben- und Muschelfleisch hinzugeben, mit Cognac übergießen. Mit Tortillas oder Weißbrot servieren.

Krabben mit Mayonnaise

40 g Zwiebeln
50 g Butter
200 g grüne Paprikaschoten
450 g gekochtes Krabbenfleisch (2 Dosen)
französischer Senf
1—2 zerdrückte Knoblauchzehen
Worcestersauce
Salz
Pfeffer
ca. 100 g Mayonnaise (s. Rezept Seite 128)

Feingehackte Zwiebeln in erhitzter Butter leicht bräunen, die feingehackten Paprikaschoten hinzugeben sowie das Krabbenfleisch, mit Senf, Knoblauch, ein paar Tropfen Worcestersauce, Salz und Pfeffer abschmecken und erkaltet mit Mayonnaise vermischen. Auf einer Schüssel angerichtet mit Tomatenvierteln, Paprikastreifen und Petersilie garnieren. Dazu Toast reichen.

Muscheln in Rahmsauce

40 Muscheln
Salz
Pfeffer
1/8 l trockener Wein
200 g Pilze oder Champignons
50 g Butter
20 g Mehl
Saft von 1 Zitrone
gestoßene Muskatnuß
3—4 cl Weinbrand
1/4 l süße Sahne

Die Muscheln in eine Pfanne geben, Salz, Pfeffer und Wein beigeben und zugedeckt bei mäßigem Feuer dünsten, bis sich die Muscheln öffnen (5—10 Minuten). Das Muschelfleisch aus den Schalen herausnehmen. (Muscheln, die sich nicht öffnen, wegwerfen.) Blättrig geschnittene Pilze in erhitzter Butter dünsten (5 Minuten), dann Mehl hinzugeben, kurz bräunen, mit der gesiebten Muschelbrühe aufgießen und bei ununterbrochenem Rühren bei mäßigem Feuer zu einer dicken Sauce aufkochen lassen. Die Sauce mit Zitronensaft und 1 Prise Muskatnuß würzen, mit Sahne aufgießen, eventuell noch salzen und pfeffern. Die gekochten Muscheln hinzugeben und kurz aufwärmen (die Sauce darf nicht mehr kochen). Dazu Zucchini mit Tomaten und Mais reichen.

Muscheln auf mexikanische Art

40 gekochte Muscheln
150 g Tomaten
150 g grüne Paprikaschoten
60 g Schalotten
60 g Butter
ca. 80 g Semmelbrösel
Butter für die Form

Die gekochten oder konservierten Muscheln in einer gebutterten Pfanne anrichten. Feingehackte Schalotten in Butter schäumen, die enthäuteten, kleingeschnittenen Tomaten und in dünne Streifen geschnittenen Paprikaschoten hinzugeben und gemeinsam kurz schmoren. Dann über die Muscheln in der Pfanne ausbreiten, mit Semmelbröseln bestreuen, mit der restlichen Butter betropfen und im vorgeheizten Backofen überbacken. Dazu grüne Erbsen und Kartoffeln servieren.

Fischturban mit Avocadomayonnaise

Für 6 Personen:

Für die Füllung:
500 g gekochte Garnelen
2 hartgekochte Eier
1—2 rohe Eier
ca. 2 EL Semmelbrösel, in 20 g Butter geröstet

1 kg Fischfilet
Saft von 2 Zitronen
100 g Zwiebeln
2 grüne Paprikaschoten
2 EL feingehackte Petersilie
1 TL Thymian
Öl für die Pfanne

Für die Avocadomayonnaise:
100 g Mayonnaise mit 3 reifen pürierten Avocados und 1/8 l Schlagsahne vermischen und mit Salz und Pfeffer abschmecken

Feingeschnittene Garnelen mit feingehackten gekochten und rohen Eiern sowie Semmelbröseln gut vermischen, Fischfilet mit Zitronensaft betropfen, ca. 2 Stunden kalt stellen, dann salzen, pfeffern, mit der zubereiteten Garnelenfüllung bestreichen, zusammenrollen und in eine Pfanne mit erhitztem Öl legen. Feingehackte Zwiebeln und in dünne Streifen geschnittene Paprikaschoten hinzugeben und gemeinsam weich dünsten. Das gedünstete Fischfilet auf einer runden Platte anrichten, erkalten lassen und mit Petersilie und Thymian bestreuen. Die zubereitete Avocadomayonnaise kranzförmig um das Fischfilet anrichten. Dazu Reis servieren.

Austern gebacken

24 frische Austern
Zitronensaft
Cayennepfeffer
ca. 60 g Butter
$^{2}/_{10}$ l rote Chilisauce
(s. Rezept Seite 122)
Tomatenscheiben
in dünne Streifen geschnittene, gedünstete Paprikaschoten zum Garnieren

Die Austern mit Zitronensaft betropfen, mit Cayennepfeffer leicht würzen und in erhitzter Butter mit Chilisauce vorsichtig vermischt dünsten. Auf einer vorgewärmten Platte angerichtet mit Tomatenscheiben und Paprikastreifen garnieren. Dazu Reis oder Maisbrot und Tomaten mit Paprikaschoten und Champignons servieren.

Saucen

Schokoladensauce

5 rote Pfefferschoten
2 große Tomaten
2 Zwiebeln
2 Knoblauchzehen
150 g geröstete Mandeln
100 g Rosinen
1 Tortilla
je ½ TL gestoßener Zimt, Nelken und Koriander
2 EL Sesamsamen
80 g Schmalz
ca. ½ l starke Geflügelbrühe
80 g geriebene, bittere Schokolade

Vorbereitete Pfefferschoten, Tomaten, Zwiebeln und Knoblauch mit Mandeln, Rosinen, in Stücke gebrochener Tortilla, gestoßenem Gewürz und ca. ¼ l Geflügelbrühe im Mixer pürieren und dann die Paste im erhitzten Schmalz bei ununterbrochenem Rühren ca. 3—5 Minuten köcheln. Nach und nach die restliche Brühe und Schokolade untermischen, bis die Sauce cremig wird. Ist die Sauce zu dick, so kann man sie mit etwas heißem Wasser verdünnen. Die Sauce zu Tortillas und Geflügel servieren.

Tomatensauce

(Salsa Cruda)

1 kg Tomaten
4—5 Knoblauchzehen
1/10 l Wasser oder Öl
Salz
Cayennepfeffer
3—4 Blatt feingehackter, frischer Koriander
1 Prise Zucker

Die Tomaten mit Knoblauch und Wasser oder Öl im Mixer pürieren, salzen und mit Cayennepfeffer, Koriander und Zucker würzen. Diese Sauce wird in Mexiko auch aus grünen Tomaten zubereitet, die man zuvor kurz in kochendes Wasser taucht. So zubereitete Sauce reicht man zu Tortillas, zu gekochtem oder gebratenem Fleisch, Reis u. ä.

Chilisauce, rot

6 Tomaten
2 entkernte, rote Pfefferschoten
1 Zwiebel
1 Knoblauchzehe
1 TL Oregano
Salz
ca. 1/2 l starke Geflügelbrühe
Essig
Zucker

Alle Zutaten in der Brühe ca. 20 Minuten kochen und dann im Mixer pürieren. Die Sauce noch nach Geschmack mit Essig und Zucker abschmecken. Heiß oder kalt servieren.
Unter die Sauce kann man noch feingehackte Petersilie und gestoßenen Koriander mischen.

Chilisauce, grün

8—10 kleine grüne Tomaten
2 grüne Pfefferschoten
1 kleinere Zwiebel
1 Knoblauchzehe
1 TL frischer, gehackter Koriander oder Petersilie
1 TL Zitronensaft
Salz
Pfeffer

Alle Zutaten im Mixer pürieren. Die Sauce läßt sich im Kühlschrank mehrere Tage aufbewahren. Man kann sie heiß oder kalt zu Tortillas, Fleisch- oder Bohnengerichten servieren.

Gemüsesauce

100 g Zwiebeln
2—3 Knoblauchzehen
100 g Schmalz oder Öl
je 450 g Champignons, Tomaten, Paprikaschoten und Auberginen
Salz
Cayennepfeffer
¾ l starke Rinds-, Kalbs- oder Geflügelbrühe

Feingehackte Zwiebeln und zerdrückten Knoblauch in erhitztem Schmalz oder Öl leicht bräunen, blättrig geschnittene Champignons, enthäutete, kleingeschnittene Tomaten, in dünne Streifen geschnittene Paprikaschoten und in kleine Würfel geschnittene Auberginen hinzugeben, salzen, mit Cayennepfeffer würzen und kurz schmoren. Dann mit Brühe aufgießen und aufkochen lassen, eventuell noch würzen.

Vegetarier-Sauce

80 g Zwiebeln
50 g Öl
100 g Tomaten
3/8 l Wasser
30 g Mehl
4—6 Pfefferkörner
1/4 TL Majoran
Salz
Cayennepfeffer
süßer Paprika
Kreuzkümmelpulver

Feingehackte Zwiebeln in erhitztem Öl leicht bräunen, feingehackte Tomaten beigeben, kurz schmoren, dann mit Wasser verquirltes Mehl beigießen, das Gewürz hinzugeben und gut aufkochen lassen (10 Minuten). Die Sauce zum Schluß noch mit Salz, Cayennepfeffer und Paprika abschmecken. Zu gekochtem Reis, Teigwaren oder Blumenkohl eine ausgezeichnet schmekkende Beilage.

Die »betrunkene« Sauce

1/2 l Agavenwein (Pulque)
80 g geriebene Zwiebel
50 g Öl
40 g geriebener Käse
Salz
Pfeffer

Die Zutaten gut verrühren und zu gebratenem Lamm o. ä. servieren.

Variation: Statt Agavenwein kann man auch helles Bier nehmen oder die Sauce mit Orangensaft und abgeriebener Schale (ungespritzt) bereiten. Zu gegrilltem Fleisch servieren.

Avocadosauce

2—3 reife Tomaten
3 große reife Avocados
3 entkernte grüne Pfefferschoten
1 größere Zwiebel
2 EL frischer, feingehackter Koriander oder Petersilie
Salz
1 TL Zitronensaft

Alle Zutaten im Mixer pürieren. Im Kühlschrank kann man die Sauce mehrere Tage aufbewahren. Die Sauce wird zu allen Arten von Tortillas serviert oder zu gebratenen, zerdrückten Bohnen.

Mandelsauce

1 mittelgroße Zwiebel
1 Knoblauchzehe
60 g Schmalz oder Öl
1 EL Zucker
2 EL Essig
$^1/_{10}$ l Ketchup
200 g feingehackte Mandeln
Salz
Pfeffer

Feingehackte Zwiebel und Knoblauch in erhitztem Schmalz oder Öl leicht bräunen, alle anderen Zutaten hinzugeben, salzen, pfeffern und kurz köcheln. Die Sauce zu Geflügel oder Fisch servieren.

Grüne Erbsensauce

300 g gekochte grüne Erbsen
2—3 Tomaten
1 grüne Paprikaschote
1 große Zwiebel
1 EL Kapern
50 g entkernte Oliven
50 g Öl
50 g Essig
Salz
Pfeffer
Thymian

Erbsen mit Tomaten, Paprikaschote und Zwiebel im Mixer pürieren, gehackte Kapern und Oliven hinzugeben sowie Öl und Essig; alles gut vermischen und zum Schluß mit Salz, Pfeffer und Thymian abschmecken. Die Sauce zu Kalbfleisch- oder Fischgerichten servieren.

Petersiliensauce

2 Bund Petersilie
1 Knoblauchzehe
100 g geschälte Mandeln
$^{1}/_{10}$ l Öl
Zucker
Salz
Pfeffer
3 EL Zitronensaft oder Essig

Alle Zutaten in einem Mixer pürieren und mit Zucker, Salz, Pfeffer und Zitronensaft abschmecken. Die Sauce zu Kalbfleisch- und Fischgerichten servieren sowie zu gekochtem Fleisch und zu gekochtem Gemüse wie Möhren, Blumenkohl, Tomaten o. ä.

Kürbis-Sauce

125 g Zwiebeln
2 EL Öl
500 g Kürbisfleisch
500 g Äpfel
1 kleine Ingwerknolle (30 g)
Schale von 1 ungespritzten Zitrone
2 Stangen Zimt
1 TL Koriander
175 g Zucker
Salz
¼ l Wasser

Zwiebeln würfeln, in heißem Öl goldgelb dünsten. Kürbis und geschälte Äpfel fein zerkleinern. Ingwerknolle schälen und reiben. Zitrone dünn abschälen. Alles zu den Zwiebeln geben, ¼ l Wasser zugießen. 30 Minuten sanft dünsten, häufig umrühren. Zitronenschale und Zimt herausnehmen, eventuell nachwürzen. Kalt servieren zu warmen und kalten Fisch-, Fleisch- und Geflügelgerichten. Aber auch zu Reis- oder Maisgerichten.

Grillsauce

8 grüne Pfefferschoten
1 Zwiebel
3 Knoblauchzehen
1 Bund Petersilie
ca. 1 l Essig
1½—2 EL Zucker
Salz
je 1 TL Basilikum, Majoran, Rosmarin und Thymian

Pfefferschoten, Zwiebel, Knoblauch und Petersilie mit Essig im Mixer pürieren, mit Salz und Zucker abschmekken und mit dem Gewürz vermischen. Die Sauce läßt sich im Kühlschrank lange aufbewahren.

Mayonnaise

(Grundrezept)

2 Eigelb
Salz
$^3/_{10}$ l Öl
2—3 EL Essig
1 TL französischer Senf
1 TL Puderzucker
Cayennepfeffer
Worcestersauce

Eigelb in einer tiefen Schüssel salzen, mit einem Schneebesen oder im Mixer verrühren und bei ununterbrochenem Rühren tropfenweise das Öl beigeben, bis man eine dicke Creme erhält. Die Mayonnaise mit Essig oder Zitronensaft verdünnen und mit Senf, Puderzucker, Cayennepfeffer und einigen Tropfen Worcestersauce abschmecken.

Mexikanische Mayonnaise

Unter die nach dem Grundrezept zubereitete Mayonnaise 1 rote und 1 grüne vorbereitete, feingehackte Paprikaschote und 2 entgrätete, feingehackte Sardellen mischen.

Knoblauchmayonnaise

Unter die nach dem Grundrezept zubereitete Mayonnaise 9 Zehen breiig zerdrückten Knoblauch mischen.

Gemüse

Spinat mit Paprikaschoten

1 kg Spinat
2 Knoblauchzehen
ca. 60 g Öl
je 30 g Mehl und Butter für die Einbrenne
ca. 1/8 l Milch
Salz
4 hartgekochte Eier
2 eingelegte rote Paprikaschoten
Sardellen

Spinat mit zerdrücktem Knoblauch in erhitztem Öl bei zeitweiligem Umrühren weich dünsten. Aus Butter und Mehl eine goldgelbe Einbrenne bereiten, mit Milch aufgießen und zu einer dicken Sauce aufkochen. Unter die Sauce den feingehackten Spinat mischen, salzen und auf einer vorgewärmten Platte angerichtet mit Eischeiben, Sardellen und in Streifen geschnittenen Paprikaschoten garnieren.

Variation: Die fertige Speise kann man noch mit süßer Sahne betropfen.

Rote Paprikaschoten, gefüllt

150 g Speck
600 g durchgedrehtes Schweinefleisch
2 mittelgroße Zwiebeln
2 Tomaten
2 EL feingehackte Petersilie
ca. 1/4 l Sauerrahm
2 Eigelb
60 g geriebene Mandeln
60 g Rosinen
2 EL Essig
1 TL Zucker
1/4 TL gestoßene Nelken
1 Msp Safran
Salz

8 rote Paprikaschoten
80 g Butter für die Pfanne
3/8 l starke Fleischbrühe
1 EL feingehackte Petersilie

Den in kleine Würfel geschnittenen Speck auslassen, das durchgedrehte Fleisch hinzugeben, die feingehackten Zwiebeln, die enthäuteten, in kleine Stücke geschnittenen Tomaten, feingehackte Petersilie und Sahne gemeinsam bei ununterbrochenem Rühren ca. 5 Minuten dünsten. Die Masse vom Feuer nehmen, Eigelb, Mandeln und Rosinen untermischen und mit Essig, Zucker, Nelken, Safran und Salz würzen. Mit der so zubereiteten Fleischfüllung die Paprikaschoten füllen, in eine gut gebutterte Form stellen, mit Sahne vermischter Fleischbrühe übergießen und im vorgeheizten Backofen ca. 30 Minuten dünsten. Mit Reis servieren.

Mais mit grünen Bohnen

2 grüne Paprikaschoten
200 g grüne Bohnen
1 große Zwiebel
50 g Butter
400 g tiefgekühlte oder frische Maiskörner
2 EL Tomatenmark
Salz
Cayennepfeffer
Thymian

Die Paprikaschoten in dünne Streifen schneiden und die vorbereiteten grünen Bohnen in Stücke. Die feingehackte Zwiebel in der erhitzten Butter leicht bräunen, das zubereitete Gemüse hinzugeben, salzen, mit Cayennepfeffer würzen, ein wenig Wasser beigießen und weich dünsten. Den Saft zum Schluß mit dem Tomatenmark binden und die Speise noch nach Geschmack mit Salz, Cayennepfeffer und Thymian abschmecken.

Zucchini mit Mais gefüllt

8 Zucchini
300 g tiefgekühlte oder frische Maiskörner
3 Eier
3 EL Milch
Salz
Pfeffer
ca. 150 g geriebener Käse
80 g Butter
¼ l Tomatensauce (s. Rezept Seite 122)

Die Zucchini halbieren und entkernen. Maiskörner, Eier und Milch, Salz, Pfeffer und Käse verrühren und die Zucchini mit der Masse füllen, mit geriebenem Käse bestreuen, mit Butter betropfen und in einer gebutterten Auflaufform bedeckt im vorgeheizten Backofen bei mäßigem Feuer fast weich backen, dann mit Tomatensauce übergießen und noch weitere 10 Minuten backen. Heiß mit Tortillas oder Kartoffeln servieren.

Paprikaschoten mit Thunfisch, gefüllt

8 grüne oder rote Paprikaschoten
600 g in Schale gekochte, geschälte Kartoffeln
ca. 2/10 l Milch
1 Dose Thunfisch in Tomatensauce
50 g geriebener Käse
1 EL frischer Majoran
1/8 l süße Sahne
Salz
Pfeffer
2—3 Eier
Öl oder Schmalz zum Braten

Die Paprikaschoten kurz in kochendes Wasser tauchen und enthäuten. Kartoffeln zerdrücken und mit Milch gut verrühren, nach und nach den Thunfisch mit Tomatensauce, Käse, Majoran, Eiern und Sahne daruntermischen, salzen, pfeffern und mit der so zubereiteten Füllung die Paprikaschoten füllen. In einer Pfanne mit erhitztem Öl anrichten und im vorgeheizten Backofen garen.

Beilagen: Gekochte Kartoffeln, Tortillas oder Reis.

Möhren mit Tomatensauce

1 kg geschälte Möhren
ca. 80 g Käse (Gouda, Gruyère, Emmentaler o. ä.)
2 EL Stärkemehl
3 Eier
50 g Öl
Tomatensauce (s. Rezept Seite 122)
Salz
Pfeffer
Paprika
Zucker

Die Möhren in gesalzenem Wasser weich kochen. Mit Stärkemehl, 1 TL Zucker und den Eiern gut vermischt in erhitztem Öl kurz braten, unter die zubereitete Tomatensauce mischen, eventuell mit etwas Brühe verdünnen, salzen, pfeffern und paprizieren. Käse hinzufügen und bei sehr mäßigem Feuer ziehen lassen, bis der Käse anfängt zu schmelzen. Mit Tortillas oder gekochten Kartoffeln servieren.

Auberginen mit Tomaten, gebacken

4 kleine Auberginen
Salz
200 g Zwiebeln
400 g Tomaten
Pfeffer
Öl für die Pfanne
1 TL Oregano

Die geschälten Auberginen in ca. 1½ cm dicke Scheiben schneiden, salzen und ca. 30 Minuten ziehen lassen. Dann gut abtropfen lassen und in Würfel schneiden. In eine mit Öl gefettete Pfanne eine Schicht in Scheiben geschnittene Zwiebeln geben, darauf eine

Schicht Auberginen und in Scheiben geschnittene Tomaten, bis alles verbraucht ist, darüber Oregano streuen. Jede Schicht salzen und pfeffern, die Oberfläche mit Öl betropfen und in der Pfanne bei mäßigem Feuer 30 Minuten dünsten. Mit Tortillas oder gekochten Kartoffeln servieren.

Auberginen, gefüllt

4 Auberginen
Salz
250 g Pilze oder Champignons
1 EL Rosmarin
40 g Butter
40 g geriebener Käse
1 Ei
Paprika
60 g Semmelbrösel
ca. 60 g Butter für die Form und zum Betropfen

Die vorbereiteten Auberginen der Länge nach halbieren, in Salzwasser halbweich kochen, herausnehmen und abtropfen lassen. Vorbereitete feingeschnittene Pilze oder Champignons in Butter dünsten, mit geriebenem Käse, Ei, Salz, Rosmarin und Paprika gut vermischen. Die Auberginen in einer gebutterten Pfanne anrichten, mit der zubereiteten Füllung löffelweise bedecken, mit Semmelbrösel bestreuen und mit der restlichen Butter betropfen. Im vorgeheizten Backofen bei mäßigem Feuer goldfarben überbacken. Mit Tortillas, Reis oder gekochten Kartoffeln servieren.

Paprikaschoten mit Rindfleisch, gefüllt

8 rote Paprikaschoten
400 g gemahlenes Rindfleisch
1 TL feingehackte Petersilie
2 Knoblauchzehen
ca. 80 g mit Fleischbrühe angefeuchtete Semmelbrösel
2 Eier
Salz
Pfeffer
¼ l rote Chilisauce
¼ l starke Fleischbrühe

Die Paprikaschoten kurz in kochendes Wasser tauchen und erkalten lassen. Rindfleisch mit Petersilie, feingehacktem Knoblauch, Semmelbröseln, Eiern, Salz und Pfeffer gut vermischen, mit der so zubereiteten Füllung die Paprikaschoten füllen, in einer Pfanne anrichten, mit Chilisauce und Brühe übergießen und zugedeckt bei mäßigem Feuer weich dünsten. Mit Tortillas, Kartoffeln oder Reis servieren.

Variation: Die Sauce kann man noch mit süßer Sahne verfeinern (ca. ⅛ l).

Grüne Bohnen mit Ei

750 g Bohnen
Salz
ca. 60 g Öl
4—5 Eier
Pfeffer
süßer Paprika
Bohnenkraut
Petersilie

Die Bohnen schräg in Stücke schneiden und in gesalzenem Wasser halbweich kochen. Die Bohnen herausnehmen, abtropfen lassen und in erhitztes Öl legen und braten. Zum Schluß die mit Salz, Paprika und den mit Kräutern verquirlten Eier daruntermischen und fest werden lassen. Mit Tortillas oder Kartoffeln servieren.

Auberginen mit Hühnerfleisch, gefüllt

4 mittelgroße Auberginen	*½ gebratenes Hähnchen*
Salz	*(ca. 700 g)*
60 g Zwiebeln	*Pfeffer*
50 g Öl oder Butter	*feingehackte Petersilie*
100 g Tomaten	*ca. 30 g Öl für die Pfanne*

Die Auberginen der Länge nach halbieren und in gesalzenem Wasser kurz kochen (10 Minuten), dann das Fruchtfleisch aushöhlen und fein hacken. Feingehackte Zwiebeln in erhitztem Öl oder Butter schäumen, enthäutete, kleingeschnittene Tomaten hinzugeben, entbeintes, kleingeschnittenes gekochtes oder gegrilltes Hähnchen sowie das gehackte Auberginenfruchtfleisch, salzen, pfeffern und schmoren. Die Auberginen mit dieser Mischung füllen und in einer gefetteten Pfanne angerichtet bei mäßigem Feuer im vorgeheizten Backofen überbacken. Die fertige Speise noch mit Petersilie bestreuen und mit Tortillas oder gekochten Kartoffeln servieren.

Zucchini mit Schweinekoteletts und Mais

400 g grüne Paprikaschoten
4 Schweinekoteletts
Salz
60 g Schmalz oder Öl
ca. ½ l Tomatensauce (s. Rezept Seite 122)
600 g Zucchini
200 g tiefgekühlte oder frische Maiskörner
Pfeffer
ca. 200 g Reibekäse

Die Paprikaschoten in dünne Streifen schneiden, Schweinekoteletts salzen und beides in erhitztem Öl kurz schmoren (10—15 Minuten). Die Koteletts mit Tomatensauce übergießen, in Scheiben geschnittene Zucchini und Maiskörner hinzugeben, salzen, pfeffern und bei mäßiger Hitze dünsten, bis Gemüse und Fleisch weich sind. Mit geriebenem Käse servieren. Als Beilage eignen sich Tortillas oder Kartoffeln.

Zucchini, gebraten

8 Zucchini
8 dicke Scheiben Emmentaler oder anderer Hartkäse
4 Eier
4 EL Milch
Salz
Pfeffer
Öl zum Braten
Tomatensauce (s. Rezept Seite 122)

Die Zucchini in leicht gesalzenem Wasser halbweich kochen und halbieren. Zwischen die halbierten Zucchini jeweils eine Scheibe Käse legen, mit Milch, Salz und Pfeffer verquirlte Eier übergießen und in erhitztem Öl bei mäßigem Feuer goldfarben braten. Mit Tomatensauce und Tortillas servieren.

Blumenkohl auf pikante Art

1 Blumenkohl (ca. 800 g)
Salz
500 g Tomaten
1 große Zwiebel
Cayennepfeffer
1 TL feingehackter Koriander
60 g Öl
ca. 150 g geriebener Käse
Zitronensaft

Den Blumenkohl in gesalzenes, kochendes Wasser legen und nicht zu weich kochen. Dann herausnehmen, abtropfen und erkalten lassen. Enthäutete, entkernte, kleingeschnittene Tomaten mit feingehackter Zwiebel in erhitztem Öl schmoren, salzen und mit Cayennepfeffer und Koriander würzen. Mit der Sauce den Blumenkohl übergießen, mit geriebenem Käse bestreuen und servieren. Dazu passen gekochte Kartoffeln oder Tortillas.

Kartoffeln mit Zwiebel-Käse-Sauce

1 kg in Schale gekochte, geschälte Kartoffeln
100 g Zwiebeln
50 g Butter
¼ l Milch
100—150 g geriebener Käse
Salz
Pfeffer
süßer Paprika
Zitronensaft

Die Kartoffeln in große Würfel schneiden und leicht salzen. Feingehackte Zwiebeln in erhitzter Butter weich dünsten, vom Feuer nehmen, Milch, Käse und Zitronensaft daruntermischen und mit Pfeffer und Paprika würzen. Nach Geschmack noch salzen und kalt servieren.

Gemüsetopf

100 g Zwiebeln
2 Knoblauchzehen
50 g Butter
¼ l Tomatensauce (s. Rezept Seite 122)
¼ l Wasser
300 g frische oder tiefgekühlte grüne Erbsen
300 g Maiskörner
Salz
Pfeffer
400 g Kartoffeln
400 g Kürbis
100 g geriebener Käse
¼ l Milch

Feingehackte Zwiebeln und Knoblauch in erhitzter Butter leicht bräunen, Tomatensauce und Wasser beigießen, Erbsen mit Maiskörnern hinzugeben, salzen, pfeffern und zugedeckt bei mäßiger Hitze ca. 10 Minuten kochen. Dann die in Würfel geschnittenen Kartoffeln und Kürbis sowie die Milch beigeben und zugedeckt kochen, bis das Gemüse weich ist (ca. 45 Minuten). Zum Schluß den Käse daruntermischen und mit Reis servieren.

Grüne Erbsen mit Schweinefleisch und -würstchen

300 g Schweinefleisch (Schulter)
Salz
Pfeffer
40 g Öl
40 g Butter
600 g frische oder tiefgekühlte grüne Erbsen
2—3 Knoblauchzehen
1 EL feingehackte Petersilie
1 TL Mehl
ca. 40 g Tomatenmark
2 Schweinswürstchen (Chorizos)

Das Schweinefleisch in ca. ½ cm große Würfel schneiden, salzen, pfeffern und in erhitztem Fett weich dünsten, herausnehmen und warm stellen. Grüne Erbsen mit zerdrücktem Knoblauch und Petersilie salzen und in dem Bratenfett kurz schmoren, mit Mehl bestäuben, mit etwas Wasser übergießen und dünsten. Zum Schluß das Tomatenmark hinzugeben, das Schweinefleisch und in Scheiben geschnittene Schweinswürstchen, salzen, pfeffern und gemeinsam weich dünsten.

Blumenkohl, gebraten

1 Blumenkohl (ca. 800 g)
Salz
1/10 l Essig
1 EL feingehackte Petersilie
3 EL Milch mit 3 Eiern verquirlt
Öl zum Braten

Den Blumenkohl in Röschen auseinandernehmen, in eine aus Salz, Essig und Petersilie zubereitete Marinade legen und bei zeitweiligem Umdrehen ca. 2 Stunden marinieren. Gut abgetropft in verquirltes Ei und Semmelbrösel tauchen und in erhitztem Öl schwimmend goldfarben braten. Mit Tortillas servieren.

Zwiebeln mit Tomaten

300 g Zwiebeln
50 g Öl oder Butter
60 g Sellerie
Salz
Pfeffer
300 g Tomaten

Die geviertelten Zwiebeln in eine gefettete Pfanne legen, mit gehacktem Sellerie bestreuen, salzen, pfeffern, mit enthäuteten, in kleine Stücke geschnittenen Tomaten bedecken und zugedeckt weich dünsten. Mit Tortillas, gekochten Kartoffeln oder Reis servieren.

Grüne Erbsen mit Kartoffeln

600 g in Schale gekochte, geschälte Kartoffeln
600 g gekochte grüne Erbsen
100 g Zwiebeln
2—3 Knoblauchzehen
80 g Öl
Salz
Pfeffer
ca. $^{2}/_{10}$ l starke Fleischbrühe

Feingehackte Zwiebeln und Knoblauch in erhitztem Öl leicht bräunen, die in Scheiben geschnittenen Kartoffeln und grüne Erbsen hinzugeben, leicht vermischen, Brühe beigießen und zugedeckt kurz köcheln (8—10 Minuten).

Gemüsetopf mit Kürbis

200 g Zwiebeln
2—3 Knoblauchzehen
1 TL feingehackte Petersilie
80 g Öl
je 400 g grüne Paprikaschoten, Kürbis und Tomaten
Salz
Pfeffer

Feingehackte Zwiebeln und Knoblauch mit Petersilie in erhitztem Öl leicht bräunen, die in Streifen geschnittenen Paprikaschoten, in Scheiben geschnittenen Kürbis und enthäutete, kleingeschnittene Tomaten hinzugeben, salzen, pfeffern und bei mäßigem Feuer zugedeckt weich dünsten (ca. 30 Minuten). Mit Tortillas oder gekochten Kartoffeln servieren.

Grüne Bohnen mit Tomaten und Schinken

600 g grüne Bohnen
300 g Tomaten
40 g Öl
40 g Butter
1 Pfefferschote
300 g roher oder gekochter Schinken
Salz
etwas heiße Brühe oder Wasser

Die grünen Bohnen schräg in Stücke schneiden und in kochendem, gesalzenem Wasser 5 Minuten kochen, herausnehmen und abtropfen lassen. Geschälte, in Scheiben geschnittene Tomaten in erhitztem Fett schmoren, die grünen Bohnen hinzugeben sowie feingehackte Pfefferschote, in dünne Streifen geschnittenen Schinken, Salz, etwas Brühe oder Wasser und gemeinsam alles weich dünsten. Dazu passen Tortillas oder Kartoffeln.

Mais(ein)topf

200 g gelbe Erbsen
4 Schweinsfüßchen
250 g tiefgekühlte Maiskörner
100 g Zwiebeln
100 g rote Paprikaschoten
1 Pfefferschote
100 g Tomaten
2—3 Knoblauchzehen
Salz
Pfeffer
$\frac{1}{10}$ l Öl
feingehackte Minze (ca. 1 TL)

Die über Nacht eingeweichten Erbsen mit frischem, kochendem Wasser übergießen, Schweinsfüßchen und Maiskörner hinzugeben und alles gemeinsam weich kochen. Zwiebeln mit Paprikaschoten, Pfefferschote, enthäutete Tomaten und Knoblauch im Mixer pürieren und in erhitztem Öl kurz schmoren (ca. 5 Minuten), zu dem Gemüse geben, vermischen, mit Salz und Pfeffer abschmecken und noch kurz kochen (5—10 Minuten). Die fertige Speise mit der Minze bestreuen und mit Tortillas servieren.

Kartoffelpfannkuchen

1 kg Kartoffeln
6 Eier
Salz
Pfeffer
ca. 1/10 l Sahne
50 g Zwiebeln
2—3 EL rote Chilisauce (s. Rezept Seite 122)
Semmelbrösel nach Bedarf
100 g Öl
250 g gekochte grüne Erbsen
50 g Butter
4 Scheiben gekochter Schinken (200 g)

Die Kartoffeln in kleine Würfel schneiden, in erhitztem Öl braten, herausnehmen und warm stellen. Zu den zerquirlten Eiern die gebratenen, erkalteten Kartoffeln geben, salzen, pfeffern, mit Sahne, feingehackter Zwiebel und Chilisauce vermischen. Ist die Mischung zu dünn, mit etwas Semmelbrösel verdicken. Die Masse mit einem Löffel in erhitztes Bratenfett legen, zu Pfannkuchen ausbreiten und von beiden Seiten goldbraun braten. Die Pfannkuchen auf einer vorgewärmten Platte aufeinanderschichten und darum herum abwechselnd in Butter gedünstete grüne Erbsen und Schinkenrollen anrichten.

Mais mit Sellerie, überbacken

500 g gekochte Maiskörner
400 g halbweich gekochter Sellerie
200 g grüne Paprikaschoten
100 g entkernte Oliven
Salz
Pfeffer
ca. 2/10 l süße Sahne
100 g Semmelbrösel
60—80 g Butter

Maiskörner, in kleine Würfel geschnittenen Sellerie, in dünne Streifen geschnittene Paprikaschoten und gehackte Oliven schichtweise in einer gebutterten Pfanne anrichten, jede Schicht leicht salzen und pfeffern, mit Sahne übergießen, mit Semmelbröseln bestreuen und mit Butter betropfen. So zubereitet im vorgeheizten Backofen bei mäßiger Hitze überbacken (ca. 15 Minuten). Mit Tortillas servieren.

Mais mit grünen Bohnen, überbacken

500 g Maiskörner
400 g grüne Bohnen
200 g grüne Paprikaschoten
100 g feingehackte Zwiebeln, in 50 g Öl geröstet
Salz
Pfeffer
ca. 1/4 l rote Chilisauce (s. Rezept Seite 122)
Butter für die Pfanne

Maiskörner mit schräg in kleine Stücke geschnittenen grünen Bohnen, gehackten Paprikaschoten und gerösteten Zwiebeln vermischen, leicht salzen und pfeffern, dann in einer gut gebutterten Pfanne anrichten, mit Chilisauce übergießen und im vorgeheizten Backofen bei mäßiger Hitze überbacken (ca. 15 Minuten). Dazu passen Tortillas.

Bohnen mit Kartoffeln, überbacken

500 g gekochte weiße, braune oder schwarze Bohnen
700 g in Schale gekochte, geschälte Kartoffeln
200 g Zwiebeln
50 g Butter
50 g Öl
Salz
Pfeffer
Paprika
3 Eier
¼ l Sahne oder Milch
Petersilie oder Majoran

In eine gefettete Pfanne eine Schicht in dünne Scheiben geschnittener Kartoffeln legen, würzen, darauf eine Schicht Bohnen; mit feingehackten gerösteten Zwiebeln und mit Kartoffelscheiben bedecken und würzen. Zum Schluß mit in Sahne oder Milch verquirlten Eiern übergießen und im vorgeheizten Backofen bei mäßigem Feuer überbacken, mit frischer Petersilie oder Majoran bestreuen.

Zucchini mit Tomaten und Mais

200 g Zwiebeln
100 g Butter oder Öl
je 300 g Zucchini und Tomaten
300 g frische oder tiefgekühlte Maiskörner
Salz
Pfeffer
süßer Paprika

Grobgehackte Zwiebeln in erhitzter Butter oder Öl leicht bräunen, die in kleine Würfel geschnittenen Zucchini und enthäutete Tomaten mit Maiskörnern daruntermischen, salzen, pfeffern, paprizieren und im vorgeheizten Backofen bei mäßigem Feuer zugedeckt langsam weich dünsten. Als Beilage eignen sich Tortillas oder Kartoffeln.

Zucchini, überbacken

600 g Zucchini
100 g Öl
400 g Tomaten
100 g Zwiebeln
Salz
Paprika
80 g Semmelbrösel
1 TL Rosmarin

Zucchini in Scheiben schneiden und in erhitztem Öl kurz schmoren. Dann in einer gefetteten Pfanne anrichten, darauf eine Schicht enthäutete, in kleine Würfel geschnittene Tomaten legen, mit gehackten, in Öl leicht gebräunten Zwiebeln und Rosmarin bestreuen, salzen, paprizieren, mit Semmelbröseln bestreuen, mit Öl betropfen und im vorgeheizten Backofen überbacken. Dazu Tortillas servieren.

Mais mit Tomaten, überbacken

500 g Maiskörner
500 g Tomaten
Salz
Pfeffer
Puderzucker
ca. 80 g Butter
1 EL frischer Thymian

Maiskörner mit enthäuteten, in kleine Würfel geschnittenen Tomaten vermischen, salzen, pfeffern, mit Puderzucker und Thymian bestreuen und in einer gebutterten Pfanne angerichtet mit der restlichen Butter betropfen. Im vorgeheizten Backofen bei mäßiger Hitze überbacken (ca. 15 Minuten). Mit Tortillas servieren.

Variation: Auf die gleiche Art werden »Tomaten, überbacken« zubereitet.

Mais mit Tomaten

400 g Maiskörner
400 g Tomaten
ca. 60 g Butter
Salz
Pfeffer
Thymian oder Rosmarin

Die Maiskörner mit den enthäuteten, in kleine Stücke geschnittenen Tomaten in erhitzter Butter weich dünsten. Mit Salz, Pfeffer, Thymian oder Rosmarin abschmecken. Als Beilage eignen sich Tortillas.

Mais mit Paprikaschoten, gedünstet

500 g frische oder tiefgekühlte Maiskörner
je 250 g rote und grüne Paprikaschoten
80 g Butter
¼ l Sahne
Salz
Pfeffer

Den Mais mit in dünne Streifen geschnittenen Paprikaschoten auf erhitzter Butter in die Pfanne geben, salzen, pfeffern und mit Sahne übergossen zugedeckt weich dünsten. Mit Tortillas servieren.

Picadillo, mexikanische Art

5 Knoblauchzehen
3 große Zwiebeln
80 g Butter
600 g Hackfleisch (halb Rind- und halb Schweinefleisch)
4 Tomaten
2 Äpfel
2 Bananen
12 gefüllte Oliven
50 g Mandeln
50 g Rosinen
je 1 Msp gestoßene Nelken und Zimt
Salz
Saft von ½ Zitrone

Den zerdrückten Knoblauch mit den feingehackten Zwiebeln in erhitzter Butter schäumen, löffelweise das gemahlene Fleisch untermischen, dann mit den enthäuteten, in kleine Würfel geschnittenen Tomaten, Apfelstücken, Bananenscheiben, Oliven, gehackten Mandeln und Rosinen vermengen. Zum Schluß noch mit Nelken, Zimt und Cayennepfeffer würzen und mit Zitronensaft und Salz abschmecken.

Auberginen mit Tomaten und Paprikaschoten

4 Auberginen
80 g Zwiebeln
80 g Öl
250 g Tomaten
250 g rote Paprikaschoten
2 EL feingehackte Petersilie
Salz
Pfeffer

Die Auberginen schälen und in Scheiben schneiden. Feingehackte Zwiebeln in erhitztem Öl leicht bräunen, die Auberginen hinzugeben sowie enthäutete, in Scheiben geschnittene Tomaten und in dünne Streifen geschnittene Paprikaschoten, salzen, pfeffern und alles gemeinsam weich dünsten. Zum Schluß mit Petersilie bestreuen. Dazu passen Tortillas, Reis oder Kartoffeln.

Gefüllte Tomaten mit Maisbrei, gedünstet

100 g Maisbrei
1/3 l Milch
Salz
Pfeffer
8 große Tomaten
60 g Öl oder Butter
3/8 l rote Chilisauce
(s. Rezept Seite 122)

Aus Maismehl und Milch einen dicken Brei aufkochen. Die ausgehöhlten Tomaten innen salzen, pfeffern, mit dem zubereiteten Maisbrei füllen, in einer Pfanne mit erhitzter Butter anrichten, mit Chilisauce übergießen, das ausgehöhlte Tomatenfleisch hinzugeben und weich dünsten. Mit Tortillas servieren.

Kürbis, überbacken

500 g Kürbis
250 g Tomaten
50 g Öl für die Pfanne
100 g in Scheiben geschnittene, in 40 g Öl geröstete Zwiebeln
250 g rote Paprikaschoten
Salz
Pfeffer
100 g Semmelbrösel
100 g geriebener Käse

Den in dünne Scheiben geschnittenen Kürbis in eine mit Öl gefettete Pfanne legen, mit den enthäuteten, in Scheiben geschnittenen Tomaten belegen, mit gerösteten Zwiebeln bestreuen, mit in dünne Streifen geschnittenen Paprikaschoten und zum Schluß mit Semmelbröseln und Käse bestreuen. Mit dem restlichen Öl betropfen und im vorgeheizten Backofen bei mäßiger Hitze überbacken. Mit Tortillas, gekochten Kartoffeln oder Reis servieren.

Auberginen, überbacken

600 g Auberginen
Salz
Pfeffer
süßer Paprika
150 g Zwiebeln
je 300 g Tomaten und grüne Paprikaschoten
3—6 Knoblauchzehen
80 g Butter oder Öl für die Pfanne und zum Betropfen

Feingehackte Auberginen in einer gefetteten Pfanne anrichten, salzen, pfeffern, paprizieren, mit einer Schicht gehackter Zwiebeln bedecken, diese würzen, dann enthäutete, in kleine Würfel geschnittene Tomaten und in dünne Streifen geschnittene Paprikaschoten darauflegen, mit feingehacktem Knoblauch bestreuen, wiederum würzen und mit Butter oder Öl betropft im vorgeheizten Backofen bei mäßiger Hitze überbacken. Als Beilage eignen sich Tortillas, Reis oder Kartoffeln.

Gefüllte Zwiebeln

Für die Füllung:
250 g Rinderhack
1 TL Kapern
1 entgrätete Sardelle
1 Knoblauchzehe
1 Ei
Salz
Pfeffer
geriebene Zitronenschale
Semmelbrösel (ca. 1 EL)

8 große Zwiebeln
ca. 80 g geriebener Käse zum Bestreuen
ca. 80 g Butter

Rinderhack mit feingehackten Kapern und Sardelle, zerdrücktem Knoblauch und Ei gut vermischen, salzen, pfeffern, mit geriebener Zitronenschale würzen und mit Semmelbröseln verdicken. Die Zwiebeln aushöhlen, mit der Füllung füllen, in einer gebutterten Pfanne anrichten, mit der restlichen zerlassenen Butter betropfen, mit dem geriebenen Käse bestreuen und im vorgeheizten Backofen bei mäßiger Hitze backen (ca. 15 Minuten). Dazu passen Tortillas, gekochte Kartoffeln oder Reis.

Tomaten mit Paprikaschoten und Champignons

500 g Tomaten
250 g rote Paprikaschoten
250 g Champignons
60 g Öl
Salz
Cayennepfeffer

Enthäutete, in kleine Stücke geschnittene Tomaten, in dünne Streifen geschnittene Paprikaschoten und blättrig geschnittene Champignons in erhitztem Öl weich dünsten, salzen und mit Cayennepfeffer würzen. Als Beilage zu Rind-, Kalb-, Geflügelfleisch o. ä. servieren.

Kartoffeln mit Mais

1 kg in Schale gekochte, geschälte Kartoffeln
500 g gekochte Maiskörner
60 g Schmalz oder Butter
50 g Zwiebeln
30 g Mehl
3/10 l Milch
2/10 l Sahne
Salz
Thymian
Basilikum
süßer Paprika

Die Kartoffeln in kleine Würfel schneiden und mit den Maiskörnern vermischt in einen Topf geben. Aus Schmalz oder Butter, feingehackten Zwiebeln und Mehl eine goldgelbe Einbrenne bereiten, mit Milch aufgießen, zu einer dicken Béchamelsauce aufkochen, mit Salz, etwas Thymian und Basilikum ½—1 EL Paprika würzen, mit Sahne verfeinern und die Sauce über die Kartoffeln und den Mais gießen und bei mäßiger Hitze ca. 6—8 Minuten köcheln.

Guacamole (Avocadopüree)

(Abb. S. 160)

Für 4—6 Personen:

250 g Tomaten
4 Zwiebeln
3 Knoblauchzehen
4 Avocados
Salz
Pfeffer aus der Mühle
Koriander aus der Mühle
2 Chilischoten
2 EL Essig
2 EL Olivenöl

Die Tomaten brühen, häuten, entkernen und sehr fein würfeln. Zwiebeln pellen und fein würfeln, die Knoblauchzehen pellen und durchpressen. Die Avocados halbieren, den Kern herausnehmen, die Frucht mit einem Löffel aushöhlen. Das Fruchtfleisch mit einer Gabel pürieren. Alle Zutaten gut verrühren und mit Salz, Pfeffer, Koriander, den feingehackten Chilischoten, Essig und Öl abschmecken.

Salate

Geflügelsalat

500 g gekochtes, enthäutetes, entbeintes Hühnerfleisch

Für die Marinade:
1/10 l Wasser
1/10 l Essig
1 EL Zwiebelsaft
Salz
Pfeffer
1 EL Senf
1/2 TL gestoßene, getrocknete Minze
2 EL feingehackte Petersilie
Salatblätter und hartgekochte Eier zum Garnieren

Das Hühnerfleisch in kleine Würfel schneiden und in eine Schüssel legen. Aus Wasser, Essig, Zwiebelsaft, Senf, Minze, Petersilie, Salz und Pfeffer eine Marinade bereiten, das Fleisch damit übergießen und bei zeitweiligem Umdrehen 2 Stunden kalt stellen. Auf einer mit Salatblättern ausgelegten Schüssel anrichten und mit Eivierteln garnieren.

Auberginensalat mit grünen Paprikaschoten

300 g Auberginen
300 g grüne Paprikaschoten
30 g plus 50 g Öl
Salz
Pfeffer
Essig
2 EL Kapern

Die Auberginen der Länge nach halbieren und mit den Paprikaschoten in eine mit 30 g Öl gefettete Pfanne im vorgeheizten Backofen weich backen. Gebackene Auberginen und Paprikaschoten in dünne Streifen schneiden, salzen, pfeffern, mit Öl und Kapern vermischen und mit Essig nach Geschmack säuern.

Maissalat mit Hühnerfleisch

300 g gekochte Maiskörner
300 g Tomaten
300 g grüne Paprikaschoten
400 g gekochtes Hühnerfleisch
ca. 100 g Ölmayonnaise
Salz
Pfeffer
Salatblätter
hartgekochte Eier zum Garnieren
Estragon

Maiskörner mit enthäuteten, kleingeschnittenen Tomaten und Paprikaschoten sowie in kleine Würfel geschnittenem Hühnerfleisch salzen, pfeffern und mit der Mayonnaise alles gut vermischen. Auf einer mit Salatblättern ausgelegten Schüssel anrichten und mit Eivierteln und feingehacktem Estragon garnieren.

Zwiebelsalat mit Thunfisch

400 g Zwiebeln
2 Bund Radieschen
250 g Thunfisch in Öl (Dose)
50 g Öl
Saft von 2 Zitronen
Salz
Pfeffer

Vorbereitete Zwiebeln und Radieschen in sehr dünne Scheiben schneiden, mit zerkleinertem Thunfisch leicht vermischen und mit einer Marinade aus Öl, Zitronensaft und 1 Prise Salz übergießen.

Weihnachtssalat

Salatblätter für die Platte
je 200 g Bananen, Orangen, Äpfel
4 Scheiben Kompottananas
200 g gekochte, geschälte rote Rüben
200 g Rettich
200 g eingemachte Preiselbeeren
je 100 g Erdnüsse und Pinienkerne

Für die Marinade:
100 g Zucker mit $\frac{1}{16}$ l Essig, $\frac{1}{16}$ l Rote-Rüben-Brühe und $\frac{1}{16}$ l Ananassaft vermischt

Mit den Kopfsalatblättern eine Platte auslegen und abwechselnd mit in Scheiben geschnittenen Bananen, Orangen, Äpfeln, roten Rüben und Rettich belegen, darauf die Ananasscheiben geben, mit der Marinade übergießen und mit Preiselbeeren garnieren. Alles mit gehackten Erdnüssen und Pinienkernen bestreuen.

Tomatensalat mit Paprikaschoten

6 Tomaten
3 grüne Paprikaschoten
1 eingelegte Pfefferschote
4 hartgekochte Eier
4 Knoblauchzehen
50 g Öl
100 g in Milch, Brühe oder Wasser eingeweichtes, ausgedrücktes Weißbrot
250 g Thunfisch in Öl (Dose)
Salz
Essig
roher Schinken

Die enthäuteten, entkernten Tomaten, Paprikaschoten und Pfefferschote fein hacken, feingehacktes Eiweiß hinzugeben, mit Eigelb zerdrückten Knoblauch, Öl und durchgepreßtes Weißbrot und zum Schluß den zerkleinerten Thunfisch daruntermischen. Mit Salz und Essig abschmecken und gut gekühlt mit rohen Schinkenscheiben als Vorspeise servieren.

Variation: Statt Schinken kann man den Salat mit in kleine Würfel geschnittenen Äpfeln (2 Stück) und feingehackter Zwiebel (100 g) bestreuen und mit Eivierteln garnieren.

Gemischter Salat

250 g gekochte braune Bohnen
250 g gekochte grüne Bohnen
4 Selleriestangen
1 Salatkopf

Für die Sauce:
100 g Avocados
100 g Tomaten
½ Zwiebel
50 g Essig
50 g Öl
Salz
Cayennepfeffer

Braune Bohnen, schräg in Stücke geschnittene grüne Bohnen, gehackte Selleriestangen und in dünne Streifen geschnittenen Kopfsalat in eine Schüssel geben, mit der zubereiteten Sauce übergießen, gut vermischen und kalt stellen (ca. 1 Stunde).

Sauce: Geschälte Avocados und enthäutete Tomaten mit Zwiebel im Mixer pürieren, Essig und Öl hinzugeben, salzen und mit Cayennepfeffer würzen.

Tomatensalat mit Sardellen

500 g Tomaten
250 g rote Paprikaschoten
1 kleine Dose Sardellen
Salz
Pfeffer
50 g Mayonnaise mit ½ Tasse Sauerrahm vermischt

Die Tomaten in Scheiben schneiden, Paprikaschoten in dünne Streifen, entgrätete Sardellen fein hacken und alles mit der Mayonnaisenmischung vermischen. Gut gekühlt servieren.

Krabbensalat

ca. 500 g gekochtes Krabbenfleisch
100 g grüne und rote Paprikaschoten
100 g gekochte Bohnensprossen
100 g Fenchelknollen
Salz
Cayennepfeffer oder französischer Senf
schwarzer Pfeffer
ca. 80 g Öl
Saft von 1 Zitrone
Sojasauce

Zerkleinertes Krabbenfleisch mit in dünne Streifen geschnittenen grünen und roten Paprikaschoten, Bohnensprossen und in Streifen geschnittenen Fenchelknollen leicht vermischen, salzen, pfeffern, mit Öl betropfen und mit Zitronensaft säuern. Zum Schluß den Salat noch mit Sojasauce abschmecken und kalt stellen.

Weißkrautsalat auf mexikanische Art

400 g Weißkraut
je 200 g rote und grüne Paprikaschoten
100 g Zwiebeln
Salz
Pfeffer
$\frac{1}{8}$ l Öl
$\frac{1}{16}$ l Essig

Weißkraut in dünne Streifen schneiden, in einem Sieb mit kochendem Wasser übergießen und in eine Schüssel geben. Die Paprikaschoten in dünne Streifen schneiden, die Zwiebeln fein hacken und alles vermischen, salzen, pfeffern, mit der aus Essig und Öl zubereiteten Marinade übergießen und ca. 2 Stunden kalt stellen bei zeitweiligem Umdrehen.

Pollo en Mole Poblano, Guacamole, Margarita, Risotto, Bohnenpüree, Tortillas
(Rezepte S. 100, 154, 222, 177, 169, 182) ▷

Bohnensalat, gemischt

400 g gekochte Bohnen (schwarze, braune oder weiße)
300 g gekochter Sellerie
je 150 g rote und grüne Paprikaschoten
Salz
Pfeffer
mexikanische Mayonnaise (s. Rezept Seite 128)

Die Bohnen mit in kleine Würfel geschnittenem Sellerie, in dünne Streifen geschnittenen Paprikaschoten, Salz, Pfeffer und mit der zubereiteten Mayonnaise vermischen.

Avocadosalat, gemischt

(argentinische Art)

2 reife Avocados
1 kleine Salatgurke
2 große Äpfel
je 100 g rote und grüne Paprikaschoten
Salz
Pfeffer
Zitronensaft oder Essig
Öl
grobgehackte Paranüsse (200 g)

Geschälte, entkernte Avocados, Gurke und Äpfel in kleine Würfel schneiden, in dünne Streifen geschnittene Paprikaschoten hinzugeben, salzen, pfeffern und mit einer aus Zitronensaft oder Essig und Öl zubereiteten Marinade vermischen und kalt stellen.

◁ *Eier Ranchero* (Rezept S. 38)

Muschelsalat

40 gekochte Muscheln
100 g Zwiebeln
1 kleine grüne und rote Paprikaschote
Salz
Cayennepfeffer
Saft von 2 Zitronen
ca. 1/10 l Öl
Salatblätter

Die Muscheln in eine Schüssel legen. In dünne Scheiben geschnittene Zwiebeln kurz in kochendes, gesalzenes Wasser tauchen, gut abgetropft über die Muscheln anrichten, darauf die in dünne Streifen geschnittenen Paprikaschoten, mit Cayennepfeffer würzen, salzen, mit Zitronensaft und Öl übergießen und bei zeitweiligem Umdrehen ca. 2 Stunden kalt marinieren lassen. Den Muschelsalat eventuell noch abschmecken und in einer mit Salatblättern ausgelegten Schüssel servieren.

Kopfsalat mit Spinat

1 kg frischer Spinat
1 schöner Salatkopf
2—3 Knoblauchzehen
ca. 150 g Speck
Salz

Spinat und Salatkopf in dünne Streifen schneiden und in einem Sieb kurz in kochendes Wasser tauchen. Feingehackten Knoblauch auf in kleine Würfel geschnittenem, ausgelassenem Speck leicht bräunen, das geschnittene Gemüse hinzugeben und bei ununterbrochenem Rühren ca. 2 Minuten dünsten. Erkaltet servieren.

Orangensalat

500 g Orangen
250 g Grapefruits
250 g entsteinte Kirschen
200 g enthäutete Mandeln
1/10 l Weinessig mit 1/10 l Wasser vermischt

Die in dünne Scheiben geschnittenen Orangen und Grapefruits mit Kirschen und grobgehackten Mandeln leicht vermischen und mit der Essigmarinade übergießen. Gut gekühlt zu Geflügelfleisch, gebratenem Kalbfleisch o. ä. servieren.

Mais-Salat mit Bohnen und Gurken

(Abb. S. 33)

1 kleine Dose grüne Bohnen
250 g Tomaten
1/2 Gurke
1 Dose Maiskörner
250 g Hummerkrabben
1 Zwiebel
2 EL Weinessig
3 EL Öl
Salz
Pfeffer
gehackte Petersilie
gehackter Estragon

Bohnen und Mais auf ein Sieb geben und abtropfen lassen. Tomaten überbrühen, enthäuten und entkernen. Tomatenfleisch in Streifen schneiden. Gurken schälen und in dünne Scheiben schneiden. Zwiebel fein hakken. Alles mit den Hummerkrabben vorsichtig mischen. Aus Essig, Öl und den Gewürzen eine Marinade rühren. Über die Salatzutaten geben. Gut durchmengen, 30 Minuten ziehen lassen, mit Petersilie und frischem Estragon bestreuen.
Reichen Sie diesen Salat als Vorspeise mit Weißbrot.

Hülsenfrüchte

Mit Bohnen gefüllte Paprikaschoten

8 grüne Paprikaschoten
50 g Zwiebeln
60 g Öl
100 g Tomatenmark
gebratene Bohnen
(s. Rezept Seite 165)
Salz
Pfeffer
feingehackte Petersilie
ca. 150 g geriebener Käse
ca. 1/8 l süße Sahne
Öl oder Schmalz für die Pfanne

Die Paprikaschoten kurz in kochendes Wasser tauchen und dann in kaltes. Feingehackte Zwiebeln in erhitztem Fett leicht bräunen, Tomaten und die zerdrückten Bohnen hinzugeben, salzen, pfeffern, mit Petersilie würzen und bei zeitweiligem Umrühren die Masse dick werden lassen. Mit der Bohnenmasse die Paprikaschoten füllen, diese dann in eine gefettete Pfanne stellen, mit Sahne übergießen, mit Käse bestreuen und im vorgeheizten Backofen bei mäßiger Hitze ca. 20 Minuten backen.

Bohnen

(Grundrezept)

500 g schwarze, braune oder weiße Bohnen
1 Zwiebel
30 g Schweineschmalz oder Öl

Die vorbereiteten Bohnen über Nacht einweichen, das Wasser abgießen und mit frischem Wasser durchspülen. Dann kaltes Wasser beigießen, Zwiebel hinzugeben und zugedeckt bei kleinem Feuer kochen (ca. 1 Stunde), bis die Bohnenhaut springt. Dann Schmalz oder Öl hinzugeben. Erst wenn die Bohnen ganz weich sind, salzen und mit frischem Koriander, Bohnenkraut oder gepreßtem Knoblauch vermischen.

Gebratene Bohnen

gekochte Bohnen mit Brühe (siehe Grundrezept)
120 g englischer Speck
40 g Zwiebeln
60 g geriebener Käse

Die gekochten Bohnen mit der Brühe im Mixer pürieren oder mit einer Gabel in der Brühe zerdrücken. Auf dem in kleine Würfel geschnittenen, ausgelassenen Speck die feingehackten Zwiebeln leicht bräunen, die pürierten oder zerdrückten Bohnen hinzugeben und so lange braten, bis sie trocken sind und der Teig sich formen läßt (ca. 10 Minuten). Zum Schluß mit Käse und Kräutern bestreuen und mit Tortillas servieren.
Auf diese Art zubereitete Bohnen werden zu Hauptgerichten und Tortillas gereicht.

Bohnen mit Schweinefleisch

500 g weiße Bohnen
125 g geräucherter Speck
400 g mageres Schweinefleisch
4 Tomaten
2 große Zwiebeln
100 g roher Schinken
500 g Weißkraut
3—4 Schweinswürste (eventuell weglassen)
Salz
Pfeffer
süßer Paprika
4 Nelken
Safran

Die Bohnen nach dem Grundrezept kochen, kurz vor dem Garwerden in kleine Würfel geschnittenen Speck hinzugeben und gemeinsam weich kochen. Getrennt in wenig Wasser das Schweinefleisch weich kochen, dann in Scheiben schneiden und gemeinsam mit dem in dünne Streifen geschnittenen Kraut, dem kleingeschnittenen Schinken zu den Bohnen geben. Dann salzen, pfeffern, paprizieren, die Nelken und Safran hinzugeben und gemeinsam alles weich kochen. Die Nelken herausnehmen und die Speise in einer Schüssel angerichtet mit Tortillas servieren.

Bohnen nach Farmerart

500 g schwarze oder braune Bohnen
250 g Maiskörner
40 g Schmalz oder Öl
1 grüne Pfefferschote
Salz

Die Bohnen wie im Grundrezept kochen, zu den halbweichen Bohnen die Maiskörner geben, Schmalz oder Öl, die feingehackte Pfefferschote, eventuell noch 1 Minzeblatt und gemeinsam alles weich kochen.

Gefüllte Bohnen mit Speckgrieben

gebackene Mais- oder Weizentortillas (s. Rezept Seite 182)
200 g Butter
4 grüne Paprikaschoten
250 g Tomaten
100 g Zwiebeln
Salz
Pfeffer
100—150 g Speckgrieben
gebratene Bohnen (s. Rezept Seite 165)
ca. 60 g geriebener Käse

Die gebackenen Tortillas in erhitzter Butter von beiden Seiten kurz knusprig braten, mit der zubereiteten Füllung bestreichen, zusammenrollen, in einer gebutterten Pfanne anrichten, mit den gebratenen Bohnen bedecken und mit geriebenem Käse bestreuen, mit Butter betropfen und im vorgeheizten Backofen goldfarben überbacken.

Füllung: Die in dünne Streifen geschnittenen Paprikaschoten mit enthäuteten, entkernten, kleingeschnittenen Tomaten und feingehackten Zwiebeln in erhitzter Butter schmoren, salzen, pfeffern und mit den Grieben vermischen.

Bohnenaufstrich

½ Portion gebratene Bohnen (s. Rezept Seite 165)
¼ l Sauerrahm
½ TL Senf
Salz

Die im Mixer pürierten Bohnen mit Sahne und Senf gut vermischen und nach Geschmack noch salzen. Mit dem so zubereiteten Aufstrich die Tortillas bestreichen oder mit gekochtem Blumenkohl, Selleriestangen o. ä. servieren.

Linsen mit Ananas

300 g Linsen
150 g englischer Speck
50 g Butter
100 g Zwiebeln
¼ TL Thymian
1/10 l Ketchup
Salz
Pfeffer
500 g Ananas (Dose)

Die Linsen über Nacht in Wasser einweichen, dann das Wasser abgießen. Den in kleine Würfel geschnittenen Speck auslassen, Butter hinzugeben und die feingehackten Zwiebeln darin leicht bräunen. Dann die Linsen beigeben, Thymian und Wasser, und bei mäßigem Feuer weich kochen. Zum Schluß Ketchup unter die Speise mischen, salzen, pfeffern, in eine gebutterte Form geben, obenauf die in Würfel geschnittenen Ananas und im vorgeheizten Backofen bei mäßiger Hitze überbacken (ca. 15 Minuten).

Erbsenpüree

250 g gelbe Erbsen
100 g Zwiebeln
4 Knoblauchzehen
100 g Schmalz oder Öl
Salz
Pfeffer
Kreuzkümmel
2 EL frische Petersilie

Die Erbsen über Nacht in Wasser einweichen, mit frischem Wasser aufstellen und weich kochen, dann im Mixer pürieren. Feingehackte Zwiebeln und Knoblauch in erhitztem Schmalz oder Öl leicht bräunen, zu dem Erbsenpüree geben, salzen, pfeffern und mit Kreuzkümmel und Petersilie nach Geschmack würzen. Auf das Feuer stellen und bei ununterbrochenem Rühren noch 10 Minuten köcheln. Als Beilage zu Lammbraten mit Reis servieren.

Bohnenpüree

(Abb. S. 160)

Für 4—6 Personen:

70 g Bohnenmehl
10 g Butter
1 Zwiebel
1 EL Sahne
Salz
Pfeffer
1 EL Estragon

Das Bohnenmehl in 2½ Tassen Wasser anrühren. Die Zwiebel fein würfeln, in der Butter glasig dünsten. Das angerührte Bohnenpüree dazugeben und aufkochen lassen. Dann mit Sahne und Gewürzen abschmecken.

Reis

Milchreis

300 g Reis
3/8 l kochendes Wasser
Salz
geriebene Schale von 1/4 Zitrone
3/4 l Milch
100 g Zucker
1 Zimtstange
100 g Rosinen
1 Päckchen Vanillezucker
2 Eigelb
gestoßener Zimt

Den vorbereiteten Reis mit geriebener Zitronenschale in kochendem, gesalzenem Wasser bei mäßigem Feuer ca. 5 Minuten kochen, dann die kochende Milch beigießen, Zimtstange und Zucker hinzugeben und den Reis bei kleinem Feuer weich kochen. Den Reis vom Feuer nehmen, Eigelb und Rosinen daruntermischen und bei zeitweiligem Umrühren bei mäßiger Hitze weiterkochen, bis er breiig wird. Den fertigen Reis noch mit Vanillezucker und gestoßenem Zimt bestreuen.

Reis mit Muscheln

40 Muscheln
30 g Butter oder Öl
60 g Zwiebeln
Salz
1 Lorbeerblatt
ca. ⅛ l Weißwein
Petersilie
100 g Zwiebeln
4 Knoblauchzehen
50 g Öl
300 g Reis
Salz
Pfeffer
1 TL Safran
1 EL feingehackte Petersilie
2 rote Paprikaschoten

Die Muscheln in eine Pfanne geben sowie Butter oder Öl, feingehackte Zwiebeln, Salz, Lorbeerblatt, Weißwein, grüne Petersilie und zugedeckt bei mäßigem Feuer dünsten, bis sich die Muscheln öffnen (5—10 Minuten). Das Fleisch der Muscheln, die nach dem Dünsten rötlich, bläulich oder sogar schwarz gefärbt sind oder Muscheln, die sich nicht öffnen, wegwerfen. Feingehackte Zwiebel und Knoblauch in erhitztem Öl leicht bräunen, den Reis und die Muscheln hinzugeben und rühren, bis das Öl aufgesogen ist. Dann die Muschelbrühe, Safran und kochendes Wasser (ca. $\frac{1}{10}$ l) beigießen und bei sehr mäßigem Feuer ca. 25 Minuten kochen, bis der Reis weich ist. Die Speise salzen, pfeffern, mit Petersilie würzen und mit gerösteten, in dünne Streifen geschnittenen Paprikaschoten garnieren.

Gelber Reis

1 große Zwiebel
60 g Öl
300 g Reis
ca. ¾ l starke Hühnerbrühe
1 Dose Tomatenmark (100 g)
Salz
1 EL frischer Thymian

Feingehackte Zwiebel in erhitztem Öl schäumen, den Reis hinzugeben und leicht bräunen. Dann die kochende Hühnerbrühe beigießen, Tomatenmark und Salz beigeben und zugedeckt bei mäßigem Feuer dünsten (siehe Rezept Reis auf mexikanische Art, Seite 176). Mit Thymian bestreuen.

Grüner Reis

300 g Reis
60 g Öl
¾ l starke Hühnerbrühe
1—2 entkernte grüne Pfefferschoten
2 entkernte grüne Paprikaschoten
1 große Zwiebel
1 Bund Petersilie
1 Knoblauchzehe
Salz
2 Dosen Ölsardinen
4 hartgekochte Eier
feingehackte Petersilie zum Garnieren

Den vorbereiteten Reis in erhitztem Öl leicht bräunen. Pfeffer- und Paprikaschoten mit der Zwiebel, Petersilie und Knoblauch in einen Mixer geben, Hühnerbrühe beigießen und pürieren. Damit dann den gerösteten Reis übergießen, salzen und wie im Rezept auf Seite 176 weich dünsten. Den Reis auf einer vorgewärmten Platte anrichten, mit Sardinen und Eischeiben belegen und mit Petersilie bestreuen.

Variation: Statt Hühnerbrühe können Sie Fleischbrühe nehmen und statt Ölsardinen kleingeschnittene, in Öl gebratene Schweinswurst. Die Speise können Sie noch mit geriebenem Käse bestreuen.

Yambalaya-Reis

1 Zwiebel
2 Knoblauchzehen
60 g Öl
500 g gekochter Schinken
1 große Tomate
ca. $^{6}/_{10}$ l starke Rindfleischbrühe
300 g Reis
1 TL Safran
Salz
Pfeffer
500 g gekochte Garnelen
1 große Dose Ananas (800 g)
2 verquirlte Eier und 120 g Semmelbrösel zum Panieren
80 g Butter zum Braten

Feingehackte Zwiebel und Knoblauch in erhitztem Öl leicht bräunen, in kleine Würfel geschnittenen Schinken hinzugeben und ca. 5 Minuten schmoren. Dann die in Scheiben geschnittene Tomate, den Reis, gesalzene, kochende Rindfleischbrühe, Garnelen, Ananassaft und Safran beigeben, pfeffern und zugedeckt bei mäßigem Feuer ca. 20 Minuten dünsten, bis der Reis weich ist. Zum Schluß die abgetropften Ananasscheiben in verquirltem Ei und Semmelbröseln panieren, in erhitzter Butter von beiden Seiten goldfarben braten und damit den auf vorgewärmter Platte angerichteten Reis garnieren und heiß servieren.

Reiskuchen

100 g große Zwiebeln
2 Knoblauchzehen
1 rote Paprikaschote
300 g Reis
¾ l starke Hühner- oder Rindfleischbrühe
ca. ⅛ l rote Chilisauce
4 Eier
ca. 80 g geriebener Käse
Öl, Schmalz oder Butter für die Pfanne

Feingehackte Zwiebeln, Knoblauch und Paprikaschoten in erhitztem Öl kurz schmoren (ca. 5 Minuten), den Reis hinzugeben, salzen und leicht bräunen. Dann die kochende Brühe beigießen und zugedeckt bei mäßigem Feuer ca. 20 Minuten dünsten. Den körnig gekochten Reis abgekühlt mit Chilisauce und verquirlten Eiern vermischen, in einer gebutterten Pfanne anrichten, mit Käse bestreuen und im vorgeheizten Backofen überbacken (ca. 5 Minuten).

Reis mit Bohnen und Rindfleisch

800 g Rindfleisch
80 g Öl
1 große Zwiebel (100 g)
2—3 Knoblauchzehen
200 g Tomaten
1 Lorbeerblatt
Salz
Pfeffer
ca. ¾ l starke Fleischbrühe
800 g gekochter Reis
450 g gekochte weiße Bohnen
1 EL frisches Bohnenkraut oder Estragon

Das Fleisch in ca. 3 cm große Würfel schneiden und in erhitztem Öl von beiden Seiten braun braten. Jetzt die feingehackte Zwiebel und Knoblauch hinzugeben, leicht bräunen, enthäutete, in kleine Stücke geschnittene Tomaten beigeben sowie Lorbeerblatt, Salz, Pfeffer und etwas Brühe und zugedeckt bei mäßigem Feuer köcheln, bei zeitweiligem Zugießen von Brühe, bis das Fleisch weich ist. Lorbeerblatt herausnehmen, den Reis und die Bohnen in den Topf geben, restliche Brühe beigießen, nach Geschmack noch salzen und pfeffern und noch ca. 15 Minuten köcheln. Mit Kräutern bestreuen.

Reis mit Garnelen

100 g Zwiebeln
6 Knoblauchzehen
80 g Öl
200 g Tomaten
300 g Reis
¾ l kochendes Wasser
600 g Garnelen
Salz
Pfeffer
süßer Paprika
1 EL frischer Dill

Feingehackte Zwiebeln und Knoblauch in erhitztem Öl leicht bräunen, die enthäuteten, kleingeschnittenen Tomaten beigeben, kurz schmoren, den Reis hinzugeben und rühren, bis das Öl aufgesogen ist. Dann die gekochten Garnelen unter den Reis mischen, salzen, pfeffern, paprizieren und zugedeckt bei mäßigem Feuer kochen, bis der Reis weich ist (ca. 25 Minuten). Mit Dill bestreuen.

Variation: Auf die gleiche Art wird Reis mit Krabbenfleisch zubereitet.

Reis auf mexikanische Art

1 große Zwiebel
60 g Öl
300 g Reis
ca. ¾ l starke Hühnerbrühe
6 Tomaten
3 rote, entkernte Pfefferschoten
1 Knoblauchzehe
Salz
1 Msp Safran

Feingehackte Zwiebel in erhitztem Öl schäumen, den Reis hinzugeben und leicht bräunen. Dann die kochende Brühe, mit Safran vermischt, beigießen, enthäutete, entkernte, kleingeschnittene Tomaten, feingehackte Pfefferschoten und Knoblauch hinzugeben, salzen und zugedeckt bei mäßigem Feuer 20 Minuten dünsten. Damit der Reis nicht breiig wird, während des Dünstens nicht umrühren, sondern nur durchschütteln. Müssen Sie während des Dünstens Brühe hinzugießen, dann nur kochende, damit der Reis nicht aufhört zu kochen. Nur so erreichen Sie, daß der Reis körnig bleibt.

Variation: Unter den Reis können Sie noch 150 g in kleine Würfel geschnittene Möhren und 150 g grüne Erbsen geben und alles gemeinsam weich kochen.

Reis mit Krabben

100 g Zwiebeln
1—2 Knoblauchzehen
$^{1}/_{10}$ l Öl
250 g Tomaten
300 g Reis
ca. $^{3}/_{4}$ l kochendes Wasser
Salz
200 g Krabbenfleisch
Tomatensauce (s. Rezept Seite 122)
1 Zitrone

Feingehackte Zwiebeln und Knoblauch in erhitztem Öl schäumen, die enthäuteten, kleingeschnittenen Tomaten hinzugeben, kurz dünsten (ca. 5 Minuten), dann den Reis daruntermischen und weitere 5 Minuten schmoren. Jetzt das kochende Wasser beigießen und zugedeckt bei mäßigem Feuer 15 Minuten köcheln. Dann das Krabbenfleisch daruntermischen und gemeinsam noch ca. 5—8 Minuten köcheln. Mit Tomatensauce servieren, vermischt mit Zitronensaft.

Variation: Auf die gleiche Art wird das Risotto mit Garnelen oder Langostinos zubereitet.

Risotto

(Abb. S. 160)

Für 4—6 Personen:

3 Zwiebeln
20 g Butter
250 g Reis (parboiled)
Salz

Die Zwiebeln pellen, fein würfeln und in der Butter glasig dünsten. Den Reis zugeben und 5 Minuten mitdünsten. Mit 2 l Salzwasser auffüllen und ca. 20 Minuten quellen lassen.

Tortillas

Das Brot der Armen und der Reichen

Bei der Eroberung Mexikos fand man den Mais als weitverbreitete, hochentwickelte Pflanze vor, die als Hauptnahrungsmittel galt. Am beliebtesten sind die aus Maismehl zubereiteten Tortillas, ein Fladenbrot aus Maismehl und Wasser, welche man in Mexiko zu jedem Gericht serviert, bei dem sie nicht schon als Zutat enthalten sind. Tortillas können, klein oder groß, knusprig gebacken, mit allen möglichen Füllungen serviert werden. Einmal reicht man die Tortillas mit einer pikanten Sauce bestrichen oder in diese getaucht, ein anderes Mal mit verschiedenen Füllungen aus Schweine-, Rind-, Kalb-, Truthahn- oder Hühnerfleisch zubereitet oder mit gekochtem Rindermark gefüllt. Man kann die Tortillas aber auch mit verschiedenen Füllungen aus Gemüse wie z. B. Spinat, Kartoffelbrei oder Bohnenpüree servieren oder nur mit Käse gefüllt und kurz gebacken. Wie gesagt, es gibt tausend Möglichkeiten, wie man Tortillas zubereiten kann.
In Mexiko sagt man, sie sind das einzige Gericht, bei

dem sogar der König seinen Löffel nur einmal braucht, denn Tortillas werden zu einer Tüte zusammengefaltet, mit verschiedensten Füllungen gefüllt und mit diesen auch verspeist.
Zu früheren Zeiten war es der ganze Stolz einer Mexikanerin, angefangen vom Maismehl bis zur Zubereitung von Tortillas, mit den eigenen Händen alles selbst zu machen. Sie löste die Maiskörner vom Kolben und kochte sie in Wasser. Erkaltet rieb sie sie dann zwischen den Händen, bis alle Häutchen sich gelöst hatten und entfernt worden waren. Nach einem nochmaligen Waschen in kaltem Wasser ließ sie die Maiskörner trocknen und dann wurden sie auf einem flachen, zylindrisch geformten Stein gerieben. Aus dem auf diese Art zubereiteten Maismehl wurde dann mit etwas Schweineschmalz oder Öl und lauwarmem Wasser ein glatter, geschmeidiger Teig zubereitet. Den Teig formte sie zu eigroßen Laibchen, jeden von diesen zerklatschte sie bei kreisenden Bewegungen mit den Händen, so daß hauchdünne Fladen entstanden sind. Das verlangte natürlich große Geschicklichkeit und Übung. Die moderne Hausfrau benutzt dazu ein Nudelholz. Heute bekommt man in Mexiko die Tortillas, von speziellen Tortillamaschinen hergestellt, fertig zu kaufen.
Die auf so viele Arten zubereiteten Tortillas führen auch verschiedene Namen, wie Tostadas, Garnachas, Enchiladas, Quesadillas oder Taquitos, je nach Art der Füllung oder der Zubereitung. Wichtig ist dabei, daß die Tortillas immer heiß serviert werden. Deswegen jede fertig gebackene Tortilla in eine Alufolie einwickeln und erst, wenn man die benötigte Menge beisammen hat, servieren.

Indios Vestidos

(»Verhüllte Indianer«)

Gebackene Tortillas (siehe Rezept Mais- oder Weizentortillas)
ca. 150 g Rahmkäse
3 Eier
ca. 100 g Mehl
120 g Butter
100 g Zwiebeln
2—3 Knoblauchzehen
300 g Tomaten
300 g rote Paprikaschoten
ca. ½ l starke Fleischbrühe
Salz
Pfeffer
1 Schuß Tequila

Die gebackenen Tortillas mit Rahmkäse bestreichen, zusammenrollen, mit einem Spießchen festmachen, in verquirlte Eier und Mehl tauchen und in erhitzter Butter von beiden Seiten goldfarben braten. Die Tortillas herausnehmen, in dem Bratenfett die feingehackten Zwiebeln und Knoblauch leicht bräunen, enthäutete, feingehackte Tomaten und Paprikaschoten hinzugeben, kurz schmoren, Brühe aufgießen, salzen, pfeffern und aufkochen lassen, Tequila untermischen. Die Tortillas in der Sauce ziehen lassen und servieren.

Maistortillas

500 g Maismehl (Masa de trigo de indios)
ca. 50 g Schweineschmalz oder Öl
⅛ l lauwarmes Wasser

Aus Maismehl, Schmalz oder Öl und Wasser einen glänzenden, geschmeidigen Teig bereiten, der nicht auf der Tischplatte haften bleibt (der Teig darf nicht klebrig sein!). Den Teig zu einem Laib formen, ca. 30 Minuten zugedeckt ruhen lassen und dann in 12 gleich große Laibchen schneiden. Diese zwischen zwei Blatt Pergamentpapier legen und in 12 kreisrunde Fladen von ca. 13—15 cm Durchmesser ausrollen. Die Tortillas in einer ungefetteten Pfanne bei ca. 120°C von jeder Seite 2 Minuten backen. Sie bekommen dann kleine braune Flecken. Gebacken in Folie wickeln und in den warmen Backofen stellen. So können Tortillas mehrere Stunden warm gehalten werden.

Tortillas mit Hühnerfleisch

gebackene Tortillas
(s. Rezept Mais- oder Weizentortillas)
60 g Zwiebeln
30 g Öl
100 g Tomaten
1—2 eingelegte Pfefferschoten
ca. 500 g gekochtes Geflügelfleisch
50 g entkernte Oliven
Salz
Öl zum Braten
1—2 Avocados zum Garnieren

Feingehackte Zwiebeln in erhitztem Öl leicht bräunen, die im Mixer pürierten Tomaten hinzugeben, in kleinere Würfel geschnittenes Hühnerfleisch, feingehackte Pfefferschote und Oliven, salzen, gut vermischen und kurz schmoren lassen. Die Mischung auf die zubereiteten Tortillas verteilen, jede zusammenrollen, in einer Pfanne mit erhitztem Öl knusprig braten und auf einer vorgewärmten Platte angerichtet mit Salatblättern und der Länge nach in Scheiben geschnittenen mit Zitrone oder Essig beträufelten Avocados garnieren.

Tortillas

(Abb. S. 160)

Für 12 Stück:

175 g Maismehl
1 TL Salz

Maismehl und Salz in einer Schüssel gut vermengen. Nach und nach gut ¼ l Wasser dazugeben und verkneten, bis der Teig nicht mehr an den Händen klebt. 12 walnußgroße Kugeln formen. Aus Pergamentpapier zwei Quadrate (15 × 15 cm) schneiden, die Teigkugeln einzeln dazwischenlegen und mit der Tortillapresse zu einem dünnen, runden Fladen pressen. Eine Pfanne einfetten, erhitzen, die Tortillas ohne Fett 2—3 Minuten auf jeder Seite darin bräunen. Je 3—4 gebräunte Tortillas in Alufolie wickeln und bis zum Servieren im vorgeheizten Backofen warm halten.

Weizentortillas

500 g Weizenmehl
5 g Salz (1 TL)
1/10 l Sahne
lauwarmes Wasser

Aus Mehl, Salz, Sahne und ein wenig Wasser einen geschmeidigen Teig bereiten, der auf der Tischplatte nicht haften bleibt; diesen in eigroße Laibchen formen (12—16 Stück) und zugedeckt ca. 30 Minuten ruhen lassen. Die Tortillas wie im vorherigen Rezept ausrollen und in einer ungefetteten Pfanne von beiden Seiten backen. Gebacken in eine Folie wickeln und in den warmen Backofen stellen.

Tostadas

(gebratene Tortillas)

sind leicht, knusprig, appetitanregend und werden in Mexiko oft gegessen.

Zutaten und Zubereitung des Teiges siehe Rezept Mais- oder Weizentortillas
Schweineschmalz oder Öl zum Braten

Für die Füllung:
Bohnenpüree
gekochtes, feingehacktes Hühner-, Schweine- oder Rindfleisch
feingehackte Zwiebeln
grobgeriebene Radieschen
feingeschnittener Lattich
feingeschnittene Tomaten
geriebener Käse
Chilisauce
Sauerrahm

Die zubereiteten Tortillas werden in erhitztem Schmalz oder Öl wie »pommes frites« knusprig gebraten, mit Bohnenpüree bestrichen (das man kurz vorher in etwas Schmalz oder Öl gebraten hat und erkalten läßt), mit feingehacktem Fleisch und mit Salat und Zutaten nach eigenem Belieben bestreut. Zum Schluß den geriebenen Käse daraufstreuen und mit Chilisauce oder Avocadocreme und saurer Sahne übergießen und servieren.

Enchiladas, gefüllt

Zutaten und Zubereitung des Teiges siehe Mais- oder Weizentortillas
Schmalz oder Öl zum Braten
Chilisauce

Füllung I:
500 g gekochtes, entbeintes und enthäutetes, feingehacktes Hühnerfleisch mit ca. 100 g feingehackten, geschälten Mandeln und 80 g geriebenem Käse sowie 100 g entkernten kleingeschnittenen Oliven oder Tomaten vermischt

Füllung II:
ca. 500 g gemahlenes Rindfleisch (können auch Bratenreste sein) mit 1 feingehackten Zwiebel und 1—2 Knoblauchzehen vermischt und gebraten und dann erkaltet mit 80 g geriebenem Käse vermischt

Die zubereiteten Tortillas in erhitztem Schmalz oder Öl von beiden Seiten kurz braten, in die Chilisauce tauchen, mit der zubereiteten Hühner- oder Rindfleischfüllung füllen, zusammenrollen, in eine Pfanne legen, mit der restlichen Chilisauce übergießen und im vorgeheizten Backofen kurz überbacken. Die Enchiladas noch mit Sahne betropfen und servieren.

Tortillas und scharfe Sauce

(Abb. S. 209)

Echte Tortillas bereiten Sie so: 250 g Maismehl mit 1 EL Schweineschmalz oder Öl und etwas lauwarmem Wasser zu einem festen, geschmeidigen Teig verrühren. Dünn ausrollen und Fladen, die etwa so groß wie Untertassen sind, ausstechen. Auf einem ungefetteten Kuchenblech von jeder Seite etwa 2 Minuten backen. Dazu gibt es die scharfe Mexiko-Sauce.

Tortillas werden aber auch oft gefüllt und nochmals knusprig gebacken. Als Füllung eignen sich Käse, gehackter Schinken, Wurst oder Gemüse. Unserem Geschmack entspricht es mehr, wenn in den Teig ein paar Eier kommen und nicht ausschließlich Maismehl genommen wird.

6 Eier	*100 g Weizenmehl*
6 EL Wasser	*50 g Maismehl*
1 Prise Salz	*4 EL Öl*

Eier, Wasser und Salz verrühren. Mehl zugeben und zu einer cremigen Masse verrühren. Davon in der Pfanne etwa 10 Tortillas backen.

Scharfe Sauce

6 Tomaten häuten, entkernen und durch ein Sieb streichen. 2 Knoblauchzehen zerquetschen. 1 TL Koriander zerdrücken. Tomatenbrei mit Knoblauch, Koriander und 1 EL Cayennepfeffer und 1 Msp Mehl verrühren.

Tacos

(gefüllte Tortillaröllchen)

frisch gebackene Tortillas (Zutaten und Zubereitung siehe Rezept Mais- oder Weizentortillas)
ca. 500 g gekochtes, feingehacktes Hühner-, Schweine- oder Rindfleisch
Schmalz oder Öl zum Braten
ca. 1/8 l Chilisauce
1/10 l saure Sahne

Die noch warmen Tortillas mit Fleisch füllen, zusammenrollen, mit einem Spießchen durchstechen, damit die Röllchen nicht aufgehen können, und in erhitztem Schmalz oder Öl knusprig braten. Die Tacos mit Chilisauce reichlich betropfen; mit Rahm und gebratenen Bohnen und Avocadocreme servieren.

Enchiladas Guadalajara

Zutaten und Zubereitung des Teiges siehe Mais- oder Weizentortillas
Schmalz oder Öl zum Braten
Chilisauce
ca. 300 g gebratene Bohnen (s. Rezept Seite 165)
ca. 300—400 g gekochtes Kalbfleisch (oder Hühnerfleisch
1/10 l saure Sahne
1 EL feine Kapern

Die zubereiteten Tortillas kurz in erhitztem Schmalz oder Öl von beiden Seiten braten, in die Chilisauce tauchen, mit den Bohnen bestreichen, darauf feingeschnittenes Kalb- oder Hühnerfleisch füllen, mit Kapern bestreuen, zusammenrollen, in eine Pfanne legen, mit der restlichen Sauce und der Sahne übergießen und im vorgeheizten Backofen kurz überbacken.

Enchiladas

Zutaten und Zubereitung des Teiges siehe Mais- oder Weizentortillas
Schmalz oder Öl zum Braten
Chilisauce
80 g geriebener Käse
1 große, feingehackte Zwiebel
1/10 l süße oder saure Sahne
1 EL frischer Majoran

Die zubereiteten Tortillas in erhitztem Schmalz oder Öl von beiden Seiten goldfarben braten, in die Chilisauce tauchen und in der Hälfte zusammenfalten. Die Oberfläche mit geriebenem Käse und feingehackter Zwiebel bestreuen, mit Sahne betropfen, mit Majoran bestreuen und gleich servieren.

Garnachas

Zutaten und Zubereitung des Teiges siehe Mais- oder Weizentortillas
Schmalz oder Öl
Chilisauce
1 große feingehackte Zwiebel
ca. 100 g geriebener Käse

Aus dem Teig etwas dickere Tortillas von ca. 8 cm Durchmesser zubereiten und in einer ungefetteten Pfanne auf jeder Seite 2 Minuten braten. Noch heiß, einen Rand ringsherum wie bei einem Obstkuchen andrücken, mit heißem Schmalz oder Öl bestreichen, mit Chilisauce, feingehackter Zwiebel und geriebenem Käse füllen, auf ein Kuchenblech legen und im vorgeheizten Backofen kurz überbacken. Gleich servieren.

Tamales

Maisbrei (Tamales) ist in Mexiko genauso beliebt wie die Polenta in Italien oder Mamaliga in Rumänien. Nur verwendet die Mexikanerin viel mehr Fantasie bei der Zubereitung und serviert diesen auf vielerlei Arten.

Tamales mit Kokosnuß

250 g Butter oder Margarine
250 g Zucker
500 g Maismehl
250 g Reismehl
1 Päckchen Backpulver
Salz
¼ l Milch
Pergamentpapier
300 g gemahlene Kokosnuß
80 g Sultaninen
50 g Orangeat
50 g Zitronat

Butter oder Margarine schaumig rühren mit dem Zukker nach und nach mit Backpulver gesiebtes Mais- und Reismehl daruntermischen sowie die übrigen Zutaten und alles zu einem glänzenden Teig verarbeiten. Weitere Zubereitung wie im Rezept »Süße Tamales mit Mandeln«, Seite 192.

Maisauflauf

100 g Zwiebeln
2 Knoblauchzehen
80 g Öl
200 g Tomaten
500 g gekochtes Schweinefleisch
50 g entkernte Oliven
Salz
Cayennepfeffer
gestoßener Koriander
¼ l starke Rindfleischbrühe
150 g Maismehl
ca. ⅛ l Wasser
ca. 150 g Käse (Camembert, Romadur, Münsterkäse o. ä.)

Feingehackte Zwiebeln und zerdrückten Knoblauch in erhitztem Öl leicht bräunen, die enthäuteten, kleingeschnittenen Tomaten hinzugeben, kurz schmoren, das in kleine Würfel geschnittene Schweinefleisch, kleingeschnittene Oliven zugeben, salzen, mit Cayennepfeffer und 1 Prise Koriander würzen, Brühe beigießen, vermischen und gemeinsam noch ca. 10—15 Minuten köcheln. Dann das mit Wasser verrührte Mehl hinzugeben und wieder 10 Minuten köcheln. Die Masse dann in eine gefettete Backform füllen (ca. 20 cm Durchmesser), mit in Scheiben geschnittenem Käse belegen und im vorgeheizten Backofen bei mäßigem Feuer backen, bis der Käse schmilzt und eine goldgelbe Kruste bildet. Heiß servieren.

Tamales mit Schweinefleisch

750 g Maismehl
1 Päckchen Backpulver
250 g Butter
¼ l starke Fleischbrühe
300 g enthäutete, entkernte, kleingeschnittene Tomaten
Salz

Für die Füllung:
500 g gekochtes mageres Schweinefleisch
ca. 6/10 l Schokoladensauce (s. Rezept Seite 121)
Zucker
Butter für die Pfanne

Aus mit Backpulver gesiebtem Mehl, Butter, Brühe, Tomaten und etwas Salz einen glänzenden, glatten, biegsamen Teig bereiten und in zwei Teile schneiden. Mit dem einen Teil die mit Butter gefettete Pfanne auslegen, mit der Füllung bedecken und mit dem restlichen Teig abdecken. So zubereitet im vorgeheizten Backofen bei mäßigem Feuer goldfarben backen (1 Stunde).

Füllung: Die mit Fleischbrühe zubereitete Schokoladensauce mit etwas Zucker abschmecken, das gekochte, in Würfel geschnittene Schweinefleisch hineingeben und ca. 10 Minuten kochen.

Variation: Auf die gleiche Art kann man Tamales mit gekochtem Truthahnfleisch oder Hühnerfleisch bereiten.

Maisauflauf Paraguaya

1 l Milch
500 g Maismehl
500 g Zwiebeln
100 g Schweineschmalz
ca. 1/10 l Wasser
Salz
350 g Käse
8 Eier
Schmalz und Mehl für die Form
feingehackte Pfefferschote

Die Milch aufkochen lassen. Das Mehl hineinschütten, gut vermischen und vom Feuer nehmen. Feingehackte Zwiebeln und Pfefferschote in erhitztem Schmalz schäumen, Wasser beigießen, salzen, ca. 10 Minuten kochen und dann unter den Milchteig mischen. Zum Schluß den zerbröckelten oder in kleine Stücke geschnittenen Käse und verquirlte Eier unter die Masse mischen und in eine mit Mehl bestreute gefettete Auflaufform füllen. Im vorgeheizten Backofen bei mäßiger Hitze ca. 1 Stunde backen.

Süße Tamales mit Mandeln

250 g Butter
250 g Zucker
500 g Maismehl
250 g Reismehl
1 Päckchen Backpulver
Salz
1/4 l Fleischbrühe
Pergamentpapier
200 g geschälte Mandeln
100 g Sultaninen
75 g Orangeat
75 g Zitronat

Butter mit Zucker schaumig rühren, nach und nach mit Backpulver gesiebtes Mais- und Reismehl daruntermischen sowie Salz (1 TL) und Brühe. Alles zu einem glänzenden Teig verarbeiten, mit einem Löffel aus dem

Teig Stücke ausstechen, diese auf ein etwas größeres Stück angefeuchtetes Pergamentpapier legen und in der Größe und Form einer Banane formen. In die Mitte jedes geformten Teigstückes etwas gehackte Mandeln geben, Sultaninen, Orangeat und Zitronat. Jedes gefüllte Teigstück in Pergamentpapier einschlagen (wie ein Päckchen) und mit einem Garn festmachen. In ein Wasserbad (eventuell Dampfkochtopf) legen und so lange garen, bis sich der Maisbrei von der Pergamenthülle löst.

Maiskroketten

500 g Maismehl
1 l Wasser
Salz
3 verquirlte Eier mit
3 EL Milch verrührt
Öl zum Braten
abgeriebene Schale und Saft von 1 Zitrone (ungespritzt)

Das Maismehl bei ununterbrochenem Rühren in gesalzenes, kochendes Wasser schütten, Zitronenschale und -saft beigeben und bei fortwährendem Rühren 20—30 Minuten kochen, bis der Brei nicht mehr an den Topfwänden haften bleibt. Den Maisbrei dann auf einem mit Wasser befeuchteten Blech ca. 2 cm hoch ausstreichen, erkalten lassen, mit einem festeren nassen Garn oder feinen Messer in kleine Quadrate schneiden. Die Quadrate in verquirltem Ei und Semmelbröseln panieren und in erhitztem Öl von allen Seiten goldfarben braten. Als Beilage zu gedünstetem Gemüse, Fleisch o. ä. oder mit Chilisauce und Salat als selbständige Speise.

Maiskuchen auf chilenische Art

100 g Zwiebeln
80 g Öl
300 g Rinderhack
Salz
Pfeffer
Thymian
30 g Butter für die Pfanne
4 hartgekochte Eier
50 g Rosinen
400 g gekochtes Hühnerfleisch
400 g Maiskörner
ca. ¼ l Milch
2—3 Eier
½ TL Basilikum
1 EL Zucker
50 g zerlassene Butter zum Betropfen

Feingehackte Zwiebeln in erhitztem Öl schäumen, Rindfleisch hinzugeben, salzen, pfeffern, mit 1 Prise Thymian würzen und bei zeitweiligem Umrühren kurz schmoren (ca. 10 Minuten). Die Fleischmischung in einer gebutterten Pfanne anrichten, mit in Scheiben geschnittenen Eiern belegen, mit Rosinen bestreuen und darauf eine Schicht mit in Würfel geschnittenem Hühnerfleisch belegen. Die Maiskörner in Milch kurz kochen, erkaltet mit verquirlten Eiern, Basilikum und Zukker vermischen, in die Pfanne füllen und mit zerlassener Butter betropfen. Im vorgeheizten Backofen bei mäßigem Feuer ca. 30 Minuten backen.

Maisauflauf mit Rind- und Hühnerfleisch

750 g Maismehl
ca. 250 g Butter
½ l Milch
Salz
200 g Zucker
500 g Rinderhack
200 g Zwiebeln
150 g Rosinen
Pfeffer
1 EL feingehackte Petersilie
1 gekochtes, enthäutetes, entbeintes Hühnchen (ca. 1,4 kg)
5 hartgekochte Eier
200 g entkernte schwarze Oliven
1 EL grober Zucker zum Bestreuen

Maismehl mit der Hälfte der Butter, Milch, etwas Salz und Zucker zu einem glatten, biegsamen Teig verarbeiten und in zwei Laibe formen, dann zu zwei Teigfladen ausrollen. Mit dem einen Teil eine gefettete Pfanne auslegen, darauf das mit Zwiebeln in erhitzter Butter angebratene Rinderhack anrichten, mit Rosinen bestreuen, salzen, pfeffern und noch mit Petersilie bestreuen. Jetzt das in Stückchen geschnittene Hühnerfleisch darauflegen, in Scheiben geschnittene Eier und Oliven, mit dem zweiten Teigfladen abdecken, mit grobem Zucker bestreuen und im vorgeheizten Backofen bei 200°C 30—40 Minuten goldfarben backen. Mit Salat heiß servieren.

Tamales mit Hühnerfleisch

250 g Butter
500 g Maismehl
250 g Reismehl
1 Päckchen Backpulver
Salz
$\frac{1}{4}$ l starke Hühnerbrühe
Pergamentpapier
ca. 500 g enthäutetes, entbeintes, gekochtes Hühnerfleisch
ca. $\frac{1}{8}$ l rote Chilisauce (s. Rezept Seite 122)
1 EL geriebene Zwiebeln
Pfeffer
gestoßene Nelken
Salz

Den Teig wie im Rezept »Süße Tamales mit Mandeln«, Seite 192 beschrieben zubereiten. Hühnerfleisch in kleine Stücke schneiden, mit Chilisauce und Zwiebeln vermischen und mit Salz, Pfeffer und 1 Prise gestoßener Nelken würzen. Die Füllung auf den geformten Teig, wie im Rezept »Süße Tamales« beschrieben, legen, in Pergamentpapier einschlagen und garen.

Variation: Statt Hühnerfleisch kann man auch gekochtes Truthahnfleisch nehmen und auf die gleiche Art zubereiten. Statt gestoßener Nelken kann man auch Zimt und Zitrone nehmen.

Gebäck

Rosinenkuchen

500 g Mehl
1 EL Vanillezucker
1 Päckchen Backpulver
$\frac{1}{4}$ l Weißwein
120 g Butter
125 g brauner Zucker
2 Eier
125 g Kristallzucker
1 EL Stärkemehl
$\frac{1}{10}$ l Weißwein
200 g Rosinen
100 g Nüsse

Aus mit Backpulver vermischtem Mehl, Vanillezucker, Weißwein und Butter einen glatten, glänzenden Teig bereiten, kurz ruhen lassen und in 2 gleichgroße Fladen ausrollen. Eier mit Zucker schaumig rühren, in Weißwein verrührtes Stärkemehl hinzugeben, die Rosinen und gehackte Nüsse und bei schwachem Feuer alles köcheln, bis es dicklich wird. Die Rosinenmischung auf in rundem Backblech ausgelegten Teigfladen streichen, mit dem zweiten Teigfladen abdecken und im vorgeheizten Backofen bei mäßiger Hitze goldfarben backen (ca. 45 Minuten). Erkaltet in Portionen schneiden.

Maiskuchen

125 g Butter
200 g Zucker
3 Eigelb
500 g Maismehl
2 EL Maisstärke
5 g Salz (1/2 TL)
von 3 Eiweiß fester Schnee
Zimtzucker (50 g Puderzucker mit 1 EL gestoßenem Zimt vermischt)
Öl oder Butter für das Blech

Butter, Zucker und Eigelb schaumig rühren, nach und nach abwechselnd Maismehl und Maisstärke daruntermischen und zum Schluß leicht den Eischnee. Den Teig auf ein gefettetes Blech geben und im vorgeheizten Backofen bei mäßigem Feuer goldfarben backen. Etwas abgekühlt auf eine Platte stürzen und mit Zimtzucker bestreuen.

Kakaoküchlein

150 g Butter
200 g Zucker
500 g Mehl
4 Eier
1 Päckchen Backpulver
1/4 l Milch
Salz
1 Päckchen Vanillezucker
120 g Kakaopulver (ungesüßt)
Butter für Förmchen

Butter und Zucker schaumig rühren, nach und nach mit Mehl gesiebtes Backpulver, Eier, Milch, Salz, Vanillezucker und Kakao daruntermischen und alles zu einem glänzenden, glatten Teig verarbeiten. Den Teig in gebutterte Förmchen zu ¾ füllen und im vorgeheizten Backofen bei mäßigem Feuer ca. 20—25 Minuten bakken. Wenn etwas abgekühlt, vorsichtig aus den Förmchen nehmen und servieren.

Schokoladentorte

350 g Mehl
80 g Kakaopulver
½ TL Salz
200 g Butter
1/10 l Sauerrahm
400 g geriebene Schokolade
50 g Zucker
1/10 l süße Sahne
125 g Butter
5 Eigelb
1 Päckchen Vanillezucker
Butter für das Blech
Puderzucker zum Bestreuen

Mehl mit Kakao, Salz, Butter und Sahne gut verarbeiten, den Teig zu einem Laib formen und für ca. 2 Stunden kalt stellen. Dann auf einem bemehlten Tisch dünn ausrollen und auf einem gebutterten Blech im vorgeheizten Backofen (220 °C) ca. 10 Minuten bakken. Etwas erkaltet in 4 gleichgroße Teile schneiden, den Kuchenboden auf eine Platte legen, mit der zubereiteten Füllung bestreichen, den zweiten Boden auflegen, bestreichen usw. Den letzten Kuchenboden mit Puderzucker bestreuen und mit der Creme garnieren.

Füllung: Die Schokolade mit Zucker, Sahne und Butter bei ununterbrochenem Rühren auf dem Feuer gut verrühren, bis eine cremeartige Masse entsteht, vom Feuer nehmen und etwas erkaltet den Vanillezucker und nach und nach die Eigelb daruntermischen.

Königsring

(Rosco de Reyes)

(wird zum Dreikönigstag am 6. Januar zubereitet)

30 g Hefe
¼ l lauwarme Milch oder Wasser
500 g Mehl
½ TL Salz
100 g Zucker
120 g Butter
2 Eier
7 Eigelb
2 EL geriebene Zitronenschale
2 EL Orangenblütenwasser (in Apotheken erhältlich)
30 g zerlassene Butter zum Bestreichen
Puderzucker zum Bestreuen

Die Hefe zerbröckeln und mit 2 EL Zucker, 2 EL Milch oder Wasser und 2 EL Mehl zu einem dünnen Teig verrühren. Den dünnen Teig ca. 10 Minuten gehen lassen, dann das restliche Mehl, Zucker, Butter, die in Milch oder Wasser verquirlten Eier und Eigelb sowie Salz, Zitronenschale und Orangenwasser untermischen und alles zu einem glatten, glänzenden Teig verarbeiten, der weder am Tisch noch an den Händen haften bleibt. Den Teig mindestens 30 Minuten hefen lassen, zu einem Ring formen und auf einem gefetteten Blech im vorgeheizten Backofen goldbraun backen. Etwas abgekühlt den Kuchen mit zerlassener Butter bestreichen und mit Puderzucker bestreuen.

Mandel-Pasteten

400 g Mehl
200 g Butter
1 TL Salz
2 Eier
400 g Zucker
ca. 1/4 l Wasser
Sahne
Weißwein oder Rum

Für die Mandelfüllung:
400 g gemahlene Mandeln

Aus Mehl, Butter, Salz und Eiern einen glatten Mürbeteig bereiten, für ca. 2 Stunden kalt stellen und dann auf einem bemehlten Tisch dünn ausrollen; in 2 gleichgroße Teile schneiden, den einen Teil auf ein trockenes Blech legen, mit der zubereiteten Füllung bestreichen, mit dem zweiten Teil abdecken, die Ränder festdrücken und im vorgeheizten Backofen goldfarben backen.

Füllung: Gemahlene Mandeln mit Zucker und wahlweise mit Wasser, Sahne, Weißwein oder Rum gut verrühren.

Variation: Den ausgerollten Teig in Ringe ausstechen, wie in nachfolgendem Rezept füllen und dann schwimmend in Öl ausbraten.

Kokosnuß-Pasteten

300 g Mehl
½ Päckchen Backpulver
½ TL Salz
120 g Butter
ca. ⅒ l Wasser

Für die Kokosnußfüllung:
200 g gemahlene Kokosnuß
80 g Zucker
¼ l Sahne
60 g Butter
2 Eigelb zum Bestreichen

Aus mit Mehl gesiebtem Backpulver, Salz, Butter und Wasser einen glatten, geschmeidigen Teig bereiten, zu einem Laib formen und für ca. 2 Stunden kalt stellen.

Füllung: Kokosnuß, Zucker, Sahne und Butter bei ununterbrochenem Rühren auf dem Feuer zu einer cremeartigen Masse verrühren, vom Feuer nehmen und etwas erkaltet das Eigelb gut daruntermischen. Ist die Masse zu flüssig, so kann man sie mit 1 EL Mehl verdicken. Den Teig auf einem bemehlten Tisch zu einem dünnen (ca. 3 mm) Fladen ausrollen, mit einem Förmchen Ringe (ca. 8 cm Ø) ausstechen, auf jeden mit einem Löffel die Füllung geben, umklappen, die Ränder festdrücken und auf einem gebutterten Blech anrichten. Dann mit verquirltem Eigelb bestreichen, mit einer Gabel einige Male einstechen und im vorgeheizten Backofen (ca. 220°C) goldfarben backen (ca. 12 Minuten).

Waffeln mit Kokosnußfüllung

Für den Teig:
6 Eigelb
von 3 Eiweiß fester Schnee
4/10 l Sauerrahm
1 TL geriebene Zitronenschale
2 cl Rum oder Weinbrand
250 g Mehl

Für die Füllung:
1/4 l Orangensaft
ca. 200 g Zucker
1 TL gestoßener Zimt
5 Eigelb
300 g gemahlene Kokosnuß
6 cl Weinbrand oder Tequila

Teig: Eigelb mit saurer Sahne schaumig rühren, nach und nach abwechselnd die Zutaten daruntermischen, zum Schluß den Eischnee und aus dem so zubereiteten Teig in gebuttertem Waffeleisen gleich Waffeln backen.

Füllung: Orangensaft mit Zucker und Zimt bei ununterbrochenem Rühren kurz kochen, die gemahlene Kokosnuß hinzugeben und weiterrühren, bis die ganze Flüssigkeit aufgesaugt ist. Dann vom Feuer nehmen und nach und nach die Eigelb daruntermischen und bei sehr mäßigem Feuer rühren, bis die Masse eindickt. Die Kokosnußfüllung vom Feuer nehmen, mit Weinbrand aromatisieren, die Hälfte der Waffeln damit bestreichen und mit der anderen Hälfte der Waffeln zugedeckt gleich servieren.

Ostertorte

300 g Mehl
150 g Butter
2 Eier
200 g Schnittkäse wie Edamer, Gouda, Tilsiter (echt ist Schaf- oder Ziegenkäse)
80 g Puderzucker
7 Eier
1 TL feingehackte Minze

Aus Mehl, Butter und Eiern einen glatten Mürbeteig bereiten, für ca. 2 Stunden kalt stellen und dann auf einem bemehlten Tisch in Blechgröße ausrollen. Den Teigboden mit in dünne Scheiben geschnittenem Käse belegen, mit Zucker verquirlten Eiern, unter die man gehackte Minze gemischt hat, übergießen und im vorgeheizten Backofen goldfarben backen.

Süßes Brot

8 Eigelb
80—100 g Puderzucker
von 8 Eiweiß fester Schnee
60 g Rosinen
60 g feingeschnittenes Zitronat
ca. 40 g Butter für die Form

Eigelb mit Zucker schaumig rühren, nach und nach Eischnee, Rosinen und Zitronat daruntermischen, die Masse in eine gebutterte Form geben und bei mäßigem Feuer im vorgeheizten Backofen goldfarben backen.

Anisplätzchen

250 g Schweineschmalz oder Butter
250 g Puderzucker
500 g Mehl
1 TL gestoßener Zimt
$^1/_{10}$ l Anisschnaps
Puderzucker zum Bestreuen

Schmalz oder Butter mit Zucker schaumig rühren, nach und nach abwechselnd Mehl, Zimt und Anisschnaps daruntermischen und alles gut verarbeiten. Den Teig auf einem bemehlten Tisch 1 cm dick ausrollen, mit Förmchen Ringe ausstechen, diese auf ein trockenes Blech setzen und im gut vorgeheizten Backofen (220°C) goldfarben backen (ca. 10 Minuten). Gebacken mit Puderzucker bestreuen.

Schmalzgebäck

250 g Schweineschmalz
100 g Puderzucker
$^1/_{10}$ l Rum
500 g Mehl

Schmalz und Zucker schaumig rühren, nach und nach abwechselnd Rum und Mehl daruntermischen und zu einem glatten Teig verarbeiten. Auf einem bemehlten Tisch zu 1 cm dicken Fladen ausrollen, mit kleinem rundem Förmchen (ca. 1½—2 cm Ø) ausstechen und im gut geheizten Backofen (220°C) goldfarben backen.

Mandelküßchen

von 8 Eiweiß fester Schnee
250 g geriebene Mandeln
250 g Puderzucker
1 EL gestoßener Zimt
geriebene Schale von 2 Zitronen

Unter den Eischnee nach und nach abwechselnd Mandeln, Zucker, Zimt und Zitronenschale mischen, die Masse mit einem Teelöffel auf ein gebuttertes Blech setzen und im vorgeheizten Backofen bei mäßigem Feuer (175 °C) goldfarben backen (10—15 Minuten).

Gebackene Milch

(Leche frita)

½ l Milch
3 Eier
80 g Mehl
Öl für das Blech
ca. 120 g Mehl und
3 Eier zum Panieren
Öl zum Braten
Zimt

Milch mit verquirlten Eiern und Mehl bei ununterbrochenem Rühren zu einer dicken Creme aufkochen, auf ein gefettetes Blech gießen und erkalten lassen. Den Teig in Stücke schneiden, in Mehl und verquirlte Eier tauchen und im vorgeheizten Backofen schwimmend goldfarben backen. Fertig gebraten mit Puderzucker und Zimt bestreuen und servieren.

Erdnußgebäck

250 g Butter
250 g Puderzucker
200 g gemahlene Erdnüsse

Butter und Zucker schaumig rühren, nach und nach die gemahlenen Erdnüsse daruntermischen, aus der Masse kleine, baumnußgroße Kugeln formen und auf einem trockenen Blech im vorgeheizten Backofen ca. 8—10 Minuten backen.

Karamelcreme

100 g Rosinen
1/10 l Rum
1/4 l Sahne
3/4 l Milch
40 g Maisstärke
je 1/2 TL gestoßener Zimt und Nelken
200 g brauner Zucker
1/10 l Wasser

Die Rosinen in Rum ca. 2 Stunden einweichen und zeitweilig umrühren. Sahne mit Milch, Maisstärke und Gewürz bei mäßigem Feuer und ununterbrochenem Rühren zu einer dicklichen Creme kochen und vom Feuer nehmen. Aus Zucker und Wasser einen dicken Sirup kochen, unter die heiße Milchmischung rühren und bei sehr mäßigem Feuer noch weitere 20 Minuten kochen. Zum Schluß die in Rum eingeweichten Rosinen hinzugeben, vermischen und gut gekühlt servieren.

Kartoffelmandelgebäck

500 g in Schale gekochte, geschälte, durchgepreßte süße Kartoffeln
4 Eier
400 g Puderzucker
400 g geriebene Mandeln
ca. 80 g Puderzucker

Die durchgepreßten Kartoffeln in eine Schüssel geben, mit Zucker schaumig gerührte Eier und Mandeln hinzugeben und alles gut verarbeiten. Die Masse zu kleinen Kugeln formen, in Puderzucker tauchen und auf einem gefetteten Blech im lauwarmen Backofen trocknen.

Schweinefilet mit Schokoladensauce ▷
(Rezept S. 78)

Puddings

Kokospudding

150 g gemahlene Kokosnuß
¼ l kochendes Wasser
125 g Zucker
¾ l Milch
ca. 60 g Maisstärke
Salz

Die Kokosnuß mit kochendem Wasser übergießen und bei mäßigem Feuer ca. 15 Minuten kochen. Zucker mit Milch bei ununterbrochenem Rühren erhitzen, bis der Zucker aufgelöst ist. Kokosnußbrühe mit der Maisstärke verrühren, sowie mit ca. ⅛ l kochender Milch, und alles zu der Milch gießen und verrühren. Die Puddingmasse salzen und zugedeckt bei sehr mäßiger Hitze ca. 8—10 Minuten köcheln. Dann in eine Puddingform gießen und kalt stellen. Mit Vanille-, Rum-, Schokoladensauce oder Kompottobst servieren.

◁ *Tortillas und scharfe Sauce*
(Rezept S. 185)

Ananaspudding

1 Päckchen Gelatine
¼ l kochendes Wasser
Saft von 1 Zitrone
¼ l kaltes Wasser
Salz
1 geriebene Möhre
ca. 400 g feingeschnittene Ananas

Die Gelatine in kochendem Wasser auflösen, mit Zitronensaft, kaltem Wasser, 1 Prise Salz, geriebener Möhre und Ananas vermischen, in eine mit kaltem Wasser ausgespülte Puddingform gießen und kalt stellen. Auf eine Platte gestürzt, eventuell mit Schlagsahne und Kompottkirschen garnieren.

Ananaspudding mit Kokosnuß

Für den Pudding:
¼ l Sahne
½ l Milch
1 Päckchen Vanillezucker
3 Eigelb
40 g Maisstärke
1 Biskuitboden
ca. 8 cl Rum
1 große Dose Ananas (800 g)
150 g gemahlene Kokosnuß
²⁄₁₀ l Sahne
Kompottkirschen zum Garnieren

Sahne mit Milch, Eigelb, Vanillezucker und Maisstärke im Wasserbad zu einer dicken Crème verrühren, vom Feuer nehmen und kalt rühren. Den Boden einer Glas- oder Porzellanschüssel mit in größere Würfel geschnittenem Biskuit auslegen, mit Rum betropfen, der mit Ananassaft vermischt ist, mit der Hälfte der Crème übergießen, mit der Hälfte kleingeschnittener Ananas sowie der Hälfte der Kokosnuß bestreuen, darauf die restliche Crème gießen, mit Schlagsahne bedecken und mit der restlichen Kokosnuß, kleingeschnittener Ananas und Kompottkirschen garnieren.

Mandelpudding

125 g Zucker
¼ l Wasser
1 Päckchen Gelatine in
1/16 l Wasser eingeweicht
von 6 Eiweiß fester
Schnee
ein paar Tropfen
Mandelaroma
125 g geriebene Mandeln

Für die Sauce:
ca. 50 g Maismehl
¼ l Wasser
1 Zimtstange
50 g geriebene Mandeln
50 g Zucker
½ l Milch
2 Eigelb

Zucker mit Wasser bei ununterbrochenem Rühren zu einem dicken Sirup kochen, die in Wasser eingeweichte Gelatine daruntermischen und vom Feuer nehmen. Wenn etwas erkaltet, den Eischnee, ein paar Tropfen Mandelaroma und die Mandeln untermischen, in die Puddingform füllen und kalt stellen. Mit der folgenden kalten Sauce servieren:
Maismehl mit Wasser und Zimtstange bei zeitweiligem Umrühren kochen, bis man eine dickliche Crème erhält; dann Zucker, Mandeln und Milch daruntermischen und noch einmal aufkochen lassen. Die Eigelb mit etwas erkalteter Sauce gut verrühren, unter die Sauce mischen, vom Feuer nehmen, Zimtstange herausnehmen und kalt stellen.

Avocadopudding

1 Päckchen Gelatine
¼ l kochendes Wasser
Saft von 1 Zitrone
¼ l kaltes Wasser
250 g pürierte Avocados
¼ l Sauerrahm
ca. 50 g Ölmayonnaise

Die Gelatine in kochendem Wasser auflösen, mit Zitronensaft und kaltem Wasser vermischen und kalt stellen. Wenn die Masse anfängt dicklich zu werden, die pürierten Avocados, Sauerrahm und Mayonnaise daruntermischen, in eine mit kaltem Wasser ausgespülte Puddingform füllen und kalt stellen. Auf eine Platte gestürzt mit in Streifen geschnittenen Paprikaschoten, Tomatenscheiben u. ä. garnieren.

Maispudding oder -crème mit Mandeln

1 l Milch
100 g gemahlene Mandeln
1 Zimtstange
¼ l Wasser
100 g Maisstärke
ca. 150 g Zucker
3 Eigelb

Gemahlene Mandeln mit ca. ⅜ l Milch gut verrühren. Zimtstange mit Wasser und Maisstärke zu einer dicken Crème kochen, in Milch verrührte Mandeln, die restliche Milch sowie Zucker und zum Schluß die Eigelb daruntermischen. Bei ununterbrochenem Rühren kurz aufkochen und gleich servieren.

Maispudding oder -crème mit Milch

¼ l Wasser
100 g Maisstärke
1 Vanillestange
1 l Milch
ca. 150 g Zucker

Wasser mit Maisstärke und Vanillestange kochen, bis die Masse dickflüssig wird, dann Milch zugießen, Zukker hinzugeben und bei ununterbrochenem Rühren aufkochen lassen. Heiß servieren.

Obst

Bananen, fritiert

Für den Ausbacktei:
¼ l Weißwein oder Milch
2 Eier
220 g Mehl
Salz

8 Bananen
⅛ l Rum
115 g Puderzucker
1 TL gestoßener Zimt
Öl zum Braten
Puderzucker zum Bestreuen

Wein oder Milch mit verquirlten Eiern verrühren und nach und nach das Mehl und 1 Prise Salz daruntermischen und zu einem glatten, dickflüssigen Teig verrühren.
Die Bananen in Scheiben schneiden, in eine tiefe Schüssel geben, Rum mit Zucker und Zimt gut verrühren und über die Bananen gießen. Mindestens 30 Minuten marinieren und dann in Teig getaucht in erhitztem Öl schwimmend goldfarben backen. Gut abgetropft mit Puderzucker bestreuen und servieren.

Äpfel, gefüllt

80 g Butter
80 g Mehl
80 g Zucker
1 TL gestoßener Zimt
4 große süße, entkernte, ausgehöhlte Äpfel
1/8 l Orangensaft
1/4 l Sahne
Butter für die Form

In kleine Stücke geschnittene Butter mit Mehl und Zucker zerbröckeln, mit so zubereiteten Streuseln die ausgehöhlten Äpfel füllen, in eine gebutterte Pfanne legen, mit dem restlichen Streusel die Oberfläche bestreuen, Orangensaft beigießen und im vorgeheizten Backofen bei mäßiger Hitze goldfarben backen (ca. 50 Minuten). Mit Schlagsahne dekoriert servieren.

Bananen, gebacken

4 große Bananen
40 g Butter
ca. 1/4 l Orangensaft
100 g brauner Zucker
gestoßener Zimt (ca. 1 EL)
2/10 l Sahne zum Garnieren

Der Länge nach halbierte Bananen in erhitzte Butter legen, mit Orangensaft übergießen, mit Butter betropfen und mit Zucker und Zimt bestreut im vorgeheizten Backofen bei zeitweiligem Übergießen mit Saft überbacken. Auf Tellern angerichtet mit Schlagsahne garnieren.

Bananen mit Rumsauce

⅛ l Orangensaft
ca. 50 g brauner Zucker
ca. 60 g Butter
4 große Bananen
100 g gemahlene Kokosnuß

Für die Rumsauce:
¼ l Milch
80 g Zucker
2 EL Maisstärke
1 Ei
5—6 cl Rum
⅛ l Sahne

Den Orangensaft mit Zucker gut verrühren. Die geschälten Bananen in einer gebutterten Pfanne anrichten, mit der restlichen Butter bestreichen, mit dem mit Zucker verrührten Orangensaft übergießen und mit Kokosflocken bestreuen. Im vorgeheizten Backofen bei 200°C ca. 12—15 Minuten garen und noch heiß mit der Rumsauce servieren.

Rumsauce: Milch, Zucker und Maisstärke im Wasserbad zu einer dicklichen Sauce verrühren. Verquirltes Ei mit 5 EL Sauce verrühren, zu der Milchsauce geben und bei ununterbrochem Rühren den Rum und die Schlagsahne daruntermischen.

Variation: Auf die gleiche Art kann man auch Bananen mit Zitronensauce bereiten, in diesem Fall nimmt man statt Rum Zitronensaft.

Kürbiskompott

1 kleiner Kürbis (1—1,5 kg)
Gewürze (wahlweise Ingwer, Vanille, feingeraspelte Schale von 1 ungespritzten Orange)
1 Zitrone
ca. 400 g Zucker

Kürbis teilen, Kerne entfernen und Fruchtfleisch klein schneiden. Mit Wasser bedecken, Gewürze und Zukker hinzufügen und gar kochen. Mit Zitronensaft abschmecken. Kühl servieren.

Maracuja mit Rum

4 reife Maracuja (Passionsfrüchte)
Saft von 1 Limone
2 EL brauner Rum
1 Vanillestange
1 Prise Muskat
50 g Bitterschokolade
⅛ l Sahne
2—3 EL Honig

Die Passionsfrüchte halbieren. Saft und Fruchtfleisch mit Limonensaft und Rum vermischen. Mit Vanille und Muskat abschmecken. Auf 4 Teller verteilen. Die Sahne mit Honig steif schlagen und mit der geraspelten Bitterschokolade garnieren.

Guavakompott

500 g Guavas
1 ungespritzte Zitrone
300 g Honig

Die entsteinten Guavas in reichlich Wasser weich kochen, mit 1 EL abgeriebener Zitronenschale und 300 g Honig vermischen und gut gekühlt servieren.

Papaya mit Limonensaft

1 große, reife Papaya
1 Limone
Tequila oder steifgeschlagene Sahne
Vanillezucker
Zimt

Papaya schälen, Kerne entfernen, vierteln, mit Limonensaft beträufeln. Gut gekühlt servieren. Eventuell mit einigen Spritzern Tequila parfümieren und/oder einer Haube steifgeschlagener Sahne, mit Vanillezucker gesüßt und Zimt bestäubt, verzieren.

Getränke

Kakao und Schokolade — ein Genuß der Götter

Wie alle Völker des Altertums, so opferten auch die Indianer in Zentralamerika ihren Göttern. Bei den Mayas war es das Getränk Cacahuatl, das sie dem Chak-ek-Chuah, ihrem Gott, brachten.
In den vornehmen Familien der Mayas verwahrte man für dieses köstliche Getränk einen besonders verzierten Tonbecher, den man Teotecomatl, deutsch »Gottesbecherchen« nannte. Nach der Eroberung Amerikas durch die Europäer verwandelte man das schwer auszusprechende Wort Cacahuatl in Kakao. Eine bestimmte Zubereitungsart des Kakaos nannten die Indianer Cocoatl und von dieser Bezeichnung stammt das Wort Schokolade. Die Kakaobohnen spielten im Leben der Indianer eine sehr bedeutende Rolle. Sie dienten dem Aztekenherrscher Auizotl als Sold für seine Soldaten, die die Bohnen mit Honig vermischten, aus der Masse Kügelchen formten und diese verzehrten. Der hohe Nährwert gab ihnen Kraft und Ausdauer.

Die Kakaobohnen waren auch ein Teil des Staatsschatzes des Aztekenkaisers Montezuma, in dessen Speicher neben großen Mengen Gold und Juwelen auch zweieinhalb Millionen Pfund Kakaobohnen lagerten. Kakaobohnen gab man sogar den Verstorbenen als Zahlungsmittel ins Jenseits mit, damit sie auch im Totenreich keine Not zu leiden brauchten. Als man die ersten Kakaobohnen von Mexiko nach Spanien brachte, wußte man nichts damit anzufangen. Man mischte das Kakaopulver mit heißem Wein und Bier und trank es. Kakao trank man ohne Milch, jedoch mit vielen Gewürzen, wie man in alten Rezepten lesen kann. Sehr beliebt war eine Mischung aus Kakaopulver, Bienenhonig, Vanille und rotem, scharfem Pfeffer (Cayennepfeffer). Die schaumig gerührte Masse wurde in einer Kürbisschale als Abschluß der Mahlzeit genossen. Von Spanien aus eroberten Kakao und Schokolade nach und nach ganz Europa. Trinkschokolade und Kakao galten bis Mitte des vorigen Jahrhunderts als ein ausgesprochenes Matrosengetränk und seinerzeit verbrauchte die englische Marine mehr von diesem köstlichen Getränk als die gesamte Bevölkerung des Landes.

Mexikanisches Kakaogetränk

100 g Kakaopulver
200 g Maismehl
2 EL Olivenöl
250 g flüssiger Honig
1 l lauwarmes Wasser

Das Kakaopulver mit Maismehl, Olivenöl und lauwarmem Wasser verrühren, kurz aufkochen lassen und dann mit Honig süßen. Statt Honig kann man braunen Zucker nehmen.

Chilenisches Kakaogetränk

1 l Wasser
100 g Kakaopulver
5 EL Honig (ca. 100 g)
Saft von 3 Zitronen
¼ TL gestoßener Zimt
½ TL Tabascosauce

Das Wasser mit dem Kakaopulver aufkochen, vom Feuer nehmen und nach und nach bei ununterbrochenem Rühren Honig, Zitronensaft, Zimt und Tabascosauce untermischen.

Kaffee nach mexikanischer Art

150 g brauner Zucker
1 l Wasser
60—70 g gemahlene Kaffeebohnen

Der braune Zucker wird in Wasser so lange gekocht, bis er sich auflöst, dann Kaffee hinzugeben, aufkochen lassen (1 Minute), vom Feuer nehmen, umrühren und zugedeckt setzen lassen, sieben und servieren.

Peruanisches Kakaogetränk

1 l Milch
500 g brauner Zucker
50 g Butter
100 g Kakaopulver
½—1 TL gestoßener Zimt
4 cl Schnaps

Die Milch mit dem Zucker bei mäßigem Feuer zu einer dicklichen Masse verrühren und nach und nach die Butter untermischen. Das Kakaopulver mit Zimt und etwas Wasser verrühren, zu der Milch geben und kurz aufkochen. Unter das lauwarme Getränk zum Schluß den Schnaps mischen.

Beilage: In Streifen geschnittener Käse, der in den Kakao getaucht wird.

Margarita

(Abb. S. 160)

Den Rand der Cocktailgläser mit Zitrone befeuchten und in einen mit Salz gefüllten Teller stippen. In jedes Glas 1 cl Limonensaft, 1 cl weißen Curaçao und 2 cl Tequila füllen, gut umrühren. Gut gekühlt mit einer Limonenscheibe servieren.

Sangria con limòn — Zitronenbowle

½ l Rotwein
½ l Weißwein
½ l Wasser
geriebene Schale und
Saft von 6 Zitronen
Zucker nach Geschmack
Eiswürfel

Alle Zutaten vermischen und 24 Stunden kalt stellen bei zeitweiligem Umrühren. Mit Eiswürfeln servieren.

Sangria, eine Art Rotweinbowle

¾ l Rotwein
¾ l Orangensaft
Saft von 1 Zitrone
ca. 120 g Zucker
Eiswürfel

Rotwein mit Orangen- und Zitronensaft verrühren, Zucker daruntermischen und kalt stellen. Mit Eiswürfeln servieren.

Variation: Dieses köstliche Getränk kann man auch aus 1½ l Rotwein, der Schale von 1 Gurke, Saft und Schale von ½ Zitrone, 6 Pfirsichen, in dünne Scheiben geschnitten, und ca. 120 g Zucker bereiten und gut vermischt und gekühlt mit Eiswürfeln servieren. Die Früchte kann man nach Jahreszeit wechseln.

Sangria mit Alkohol

1½ l Rotwein
3 Pfirsiche
3 Äpfel
ca. 1/10 l Gin
Zucker nach Geschmack
Eiswürfel

Mit dem Rotwein die in dünne Scheiben geschnittenen Pfirsiche und Äpfel übergießen, Gin beigießen, nach Geschmack süßen und kalt stellen. Mit Eiswürfeln servieren.

Melonenwasser

entkerntes Fruchtfleisch einer Wassermelone
Zucker
Zitronensaft
Wasser

Melonen-Fruchtfleisch im Mixer pürieren, mit Wasser verdünnen, mit Zucker und Zitronensaft abschmecken und kalt stellen. Mit Eiswürfeln serviert ist es ein erfrischendes Getränk.

Aperitif Chapala

¼ l Orangensaft
3 EL Grenadine (Sirup aus Granatäpfeln)
½ TL Cayennepfeffer
Salz

Orangensaft mit Grenadine, Cayennepfeffer und Salz nach Geschmack verrühren und kalt stellen.

Variation: Statt Grenadine 3 EL Zwiebelsaft nehmen.

Yucatan-Cocktail

4 cl Ananassaft
2 cl Pfefferminzlikör
4 cl Tequila
4 Eiswürfel
4 Ananaswürfel
4 Maraschinokirschen

Ananassaft mit Likör und Eiswürfeln im Shaker durchschütteln, in die Cocktailgläser füllen und mit je einem Ananaswürfel und einer Maraschinokirsche garnieren.

Rumcocktail

8 cl Bacardi-Rum
Saft von 2 Zitronen
4 EL Puderzucker
4 Eiswürfel

Alle Zutaten im Mixer gut durchschütteln und in die Cocktailgläser füllen.

Melonengetränk

300 g gemahlene Melonenkerne
300 g Zucker
2 l Wasser
Saft und geriebene Schale von 3 Zitronen
Eiswürfel

Alle Zutaten vermischen, am besten über Nacht kalt stellen, sieben und mit Eiswürfeln servieren.

Eierlikör

300 g Zucker
1 l Milch
1 Vanillestange
8 Eigelb
¼ l (96 %) Alkohol

Zucker mit Milch und Vanillestange bei ununterbrochenem Rühren ca. 30 Minuten kochen, etwas erkaltet nach und nach die Eigelb und den Alkohol daruntermischen, kurz aufkochen lassen, vom Feuer nehmen und schaumig rühren. Zugedeckt erkalten lassen, sieben und in vorbereitete Flaschen füllen.

Schokoladenmilch

1 l Milch
125 g geriebene Schokolade
1 Eigelb
$^1/_{10}$ l Sahne
60 g Zucker
je $^1/_2$ TL gestoßener Zimt und Muskatnuß

Die Hälfte der Milch mit der Schokolade verrühren und langsam aufkochen lassen. Die restliche Milch beigießen, mit Sahne zerquirltes Eigelb, Zucker und Gewürze daruntermischen und noch mal erhitzen (nicht kochen) bei ununterbrochenem Rühren, bis sich Schaum bildet. Heiß servieren.

Eiercreme

8 Eigelb
von 8 Eiweiß fester Schnee
$^1/_2$ l Sahne
$^1/_2$ l Rum

Die verquirlten Eigelb mit dem Eischnee vermischen und nach und nach Sahne und Rum dazugeben. Das Getränk kalt stellen und mit Eiswürfeln servieren.

Tepache

Schale von 1 frischen Ananas
2—3 Nelken
1 Zimtstange
750 g brauner Zucker
1 l helles Bier

Die Ananasschale in kleine Stücke schneiden, Nelken und Zimtstange hinzugeben, mit ca. 4 l Wasser übergießen und mindestens 48 Stunden stehenlassen, dann in etwas Wasser aufgelösten, aufgekochten Zucker hinzugeben, sowie Bier. Noch 24 Stunden stehenlassen, bis es anfängt zu gären. Sehr kalt mit Eiswürfeln servieren.

Tequilacocktail

(Tequila ist ein mexikanischer Schnaps
aus Agavenwurzel)

3/16 l Tequila
1/16 l Zitronensaft
1/16 l Sekt
grobes Salz
Zitronenscheiben zum Garnieren

Die Ränder von Cocktailgläsern mit Salz einreiben. Tequila mit Zitronensaft und Sekt in einem Shaker durchschütteln, in die Cocktailgläser füllen und diese noch mit Zitronenscheiben garnieren.

Zitronengetränk

2 entkernte Zitronen
1/2 l Rum
40—60 g Zucker
4 Eiswürfel

Zitronen mit Rum und Zucker im Mixer zerkleinern und kalt stellen. Mit Eiswürfeln servieren.

Variation: Statt Zitrone kann man Passionsfrucht nehmen (Batida de maracuja). Oder gemahlene Kokosnuß, in diesem Fall nimmt man statt Zucker ca. 5 cl Rum oder Kondensmilch.

Register nach Sachgruppen

SCHWEINEFLEISCH

HAMMELFLEISCH

GEFLÜGEL

FISCHE

SAUCEN

GEMÜSE

SALATE

HÜLSENFRÜCHTE

REIS

TORTILLAS

TAMALES

GEBÄCK

PUDDINGS

OBST

GETRÄNKE

Alphabetisches Register

Bezugsquellenverzeichnis

3400 **Göttingen**
Weender-Straße 84
Alfred Ewert
Feinkost- und Gewürzladen

2000 **Hamburg 52**
Wichmann-Straße 4, Haus 8
México-Haus
Firma Gaedke GmbH

8000 **München 2**
Diener-Straße 14
Alois Dallmayr
Feinkost